_____________ 학교 ____ 학년____반____________ 의 책이에요.

신나는 **교과 체험학습** 시리즈 이렇게 활용하세요!

'체험학습'이란 책에서나 수업 시간에 배운 지식을 실제 현장에서 직접 경험해 보는 공부 방법이에요. 단순히 전시된 물건을 관람하거나 공연을 보는 것이 아니라 학습을 하기 전에 미리 필요한 정보를 조사하는 것까지를 포함한 모든 활동을 의미해요. 어떻게 공부할 것인지를 준비하면 그렇지 않은 경우보다 훨씬 더 많은 것을 보고 느끼게 되겠지요. 이 책은 체험학습을 하려는 어린이들에게 좋은 길잡이 역할을 할 거예요.

❶ 가기 전에 읽어 보세요

이 책은 체험학습 현장을 어린이들이 쉽게 이해할 수 있도록 풀이한 안내서예요. 어린이들이 직접 체험학습 현장을 찾아가는 데 필요한 정보가 들어 있어요. 체험학습 현장을 가기 전에 꼼꼼히 읽어 보세요.

❷ 현장에서 비교해 보세요

허준박물관에서는 우리나라 최고의 의학서인 《동의보감》을 비롯한 여러 가지 의서들과 각종 의약기, 약초와 약재 등을 볼 수 있어요. 전시물을 하나하나 둘러보면서 우리나라 한의학의 발달 과정을 살펴보세요.

❸ 스스로 활동해 보세요

이 시리즈는 단지 지식을 전달하기 위한 교양서가 아니에요. 어린이 여러분이 교과서로 수업 시간에 배운 내용을 실제 현장에서 직접 체험하며 익힐 수 있도록 다양한 활동 내용을 담았지요. 책 중간이나 뒷부분에 이해를 돕기 위한 활동이 있으니 꼭 스스로 정리해 보세요.

❹ 견학 후 활동이 다양해요

체험학습 후에는 반드시 견학 후 여러 가지 활동을 해 보세요. 보고서 쓰기, 신문 만들기, 그림 그리기 등을 통해 체험학습에서 보고 들은 내용을 다시 한번 정리하면 알찬 체험학습이 될 거예요.

신나는 교과 체험학습 64

한의학의 빛을 찾아서 허준박물관

초판 1쇄 발행 | 2008. 2. 28.
개정 2판 4쇄 발행 | 2023. 11. 10.

글 허준박물관 | **그림** 김건표 김보람

발행처 김영사 | **발행인** 고세규
등록번호 제 406-2003-036호 | **등록일자** 1979. 5. 17.
주소 경기도 파주시 문발로 197(우10881)
전화 마케팅부 031-955-3100 | 편집부 031-955-3113~20 | 팩스 031-955-3111
사진 허준박물관 윤형구 포토스탁 고려대학교 출판부 강서구청

값은 표지에 있습니다.
ISBN 978-89-349-9307-0 64000
ISBN 978-89-349-8306-4 (세트)

좋은 독자가 좋은 책을 만듭니다. 김영사는 독자 여러분의 의견에 항상 귀 기울이고 있습니다.
전자우편 book@gimmyoung.com | 홈페이지 www.gimmyoungjr.com

어린이제품 안전특별법에 의한 표시사항

제품명 도서 **제조년월일** 2023년 11월 10일 **제조사명** 김영사 **주소** 10881 경기도 파주시 문발로 197
전화번호 031-955-3100 **제조국명** 대한민국 ⚠**주의** 책 모서리에 찍히거나 책장에 베이지 않게 조심하세요.

한의학의 빛을 찾아서

허준박물관

글 허준박물관 그림 김건표 김보람

주니어김영사

차례

허준박물관에 가기 전에

미리 준비하세요

준비물 《허준박물관》 책, 필기도구, 차비와 필요한 경비

미리 알아 두세요

관람 시간	**3~10월** 오전 10시 ~ 오후 6시 **11~2월** 오전 10시 ~ 오후 5시 **토요일, 공휴일** 오전 10시 ~ 오후 5시 매주 월요일과 1월 1일, 설날과 추석 당일에는 문을 열지 않아요.
관람료	어린이 및 청소년 500원 / 어른 1000원 (단체 : 어린이 및 청소년 300원 / 어른 700원)
문의	02-3661-8686
주소	서울시 강서구 허준로 87
홈페이지	http://www.heojun.seoul.kr
가는 방법	

지하철 타고 가자

지하철 5호선 발산역 3번 출구로 나와서 6657, 6630, 1002번 버스를 타고 공진중학교에서 내린 뒤 조금만 걸어가면 돼요.

지하철 9호선 가양역 1번 출구로 나와서 조금만 걸어가면 돼요.

버스 타고 가자

광역버스 1002, 672번

간선버스 660, 652번

지선버스 6630, 6631, 6643, 6645, 6657, 6712번

허준박물관은요……

허준박물관은 우리나라 한의학 역사에 큰 획을 그은 허준의 업적을 기념하기 위해 만들었어요. 옛날 우리나라에는 중국의 의학을 받아들여 새롭게 발전시킨 한의학이 있었어요. 그렇다 보니 의서는 중국의 의서를 연구하거나 풀이한 것이 많았어요. 허준은 내의원의 의관으로 일하면서 우리나라 의학 연구에 큰 공을 세웠어요. 바로 우리나라 사람들의 몸에 맞는 처방이 담긴 의학서인 《동의보감》을 쓴 것이지요.

허준박물관에서는 허준의 생애는 물론이고, 《동의보감》에 나오는 약초와 다양한 약재를 볼 수 있답니다. 그리고 약초와 약재로 약을 만들 수 있는 의약기를 체험해 볼 수 있어요. 또, 조선 시대에 의술을 행했던 국가 기관인 내의원과 민간 기관인 한의원 모형이 전시되어 있어요. 전시실을 둘러보면서 자랑스러운 우리 한의학의 세계를 느껴 보세요.

허준의 생애와 우리나라 전통 의약기들을 둘러보세요.
허준박물관에 온 것을 환영해요.
허준박물관

허준박물관 미리 보기

허준박물관은 허준이 태어난 강서구에 자리하고 있어요. 지금은 아파트 사이에 둘러싸여 있지만 옛날에는 강가에 자리잡은 마을이었지요.
박물관으로 들어가서 허준이 어떤 사람인지, 《동의보감》은 어떤 책인지 알아보아요.
또, 우리나라 한의학의 다양한 자료와 한의학에 꼭 필요한 도구, 약재들도 둘러보아요.

어린이체험실

얼굴, 혀, 눈 색깔을 통해 건강 상태를 알아보는 '망진법', 맥을 잡아서 환자의 상태를 판단하는 '맥진법', 한의학에서 다루는 체형 구분, '신형장부도' 퍼즐 등 다양한 체험을 할 수 있어요.

내의원과 한의원실

조선 시대 궁궐 안의 내의원과 백성들이 이용한 한의원의 모습을 볼 수 있어요.

의약기실

약을 만드는 데 필요한 갖가지 도구들을 볼 수 있어요.

옥상 약초원에서
약초를 재배하고 있어요.
어떤 약초가 있는지
잊지 말고
둘러보아요.

어린이체험실
기획전시실
내의원과 한의원실

전시관은 이렇게 나뉘어 있어요

옥상 약초원 옥상정원 조망명소
3층 허준기념실 약초 · 약재실 의약기실 내의원 · 한의원실 어린이체험실 기획전시실
2층 안내데스크 매표소 기념로비 시청각실 체험교육실 뮤지엄샵

의약기실

약초 · 약재실

약갈기 체험실

허준기념실

약초·약재실

한의학에 쓰이는 약초와 약재를 보고 어떤 것들이 있는지, 어떻게 구분하는지 알아보세요.

허준기념실

허준의 생애를 모형으로 만들어 놓았으며, 허준이 직접 쓴 《동의보감》과 여러 가지 책이 전시돼 있어요. 그 밖에 한의학과 관련된 다른 의서들도 볼 수 있답니다.

허준기념실

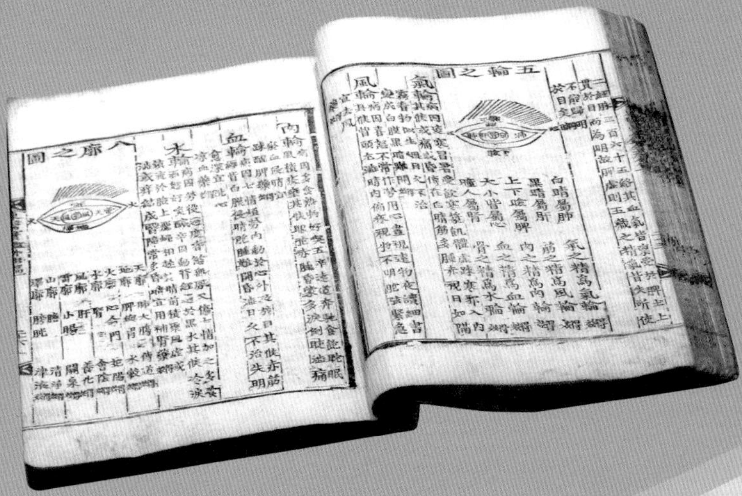

조선 시대 최고의 의학자 허준

우리나라의 전통 의학을 설명할 때 빠질 수없는 사람이 있어요. 바로 허준이에요. 뛰어난 의술로 의원에서 이름을 떨친 허준은 의서*를 연구하고 환자들을 고치면서 쌓은 경험을 바탕으로 여러 권의 의학서들을 썼어요. 중국의 의서에 주로 의하던 그 때 허준이 쓴 의서들은 정말 값진 것이었어요. 우리나라 사람들의 몸과 질병을, 우리나라에서 나는 약재들로 고치는 방법을 알게 된 것이니까요. 허준기념실에 들어서면 가장 먼저 눈에 띄는 책이 바로《동의보감》이에요. 허준이 쓴 대표적인 한의학 책이에요. 그 외 여러 가지 의서들도둘러보면서, 허준의 일생에 대해 알아보아요. 그럼, 뛰어난 의술로 우리만의 한의학을발전시킨 허준을 만나러 가 볼까요?

* 의서 : 의학에 관한 책으로 각종 병에 대한 치료법이 들어 있어요.

허준은 어떤 사람이었을까?

반상제
조선 시대 계급을 양반과 상민으로 크게 나누었던 제도예요.

서자
본부인이 아닌 다른 여자에게서 태어난 자식이에요.

민간요법
일반 백성들 사이에서 예부터 전해 내려오는 치료법이에요.

허준은 1537년 경기도 양천현(지금의 강서구)에서 태어났어요. 허준의 할아버지와 아버지는 무관을 지낸 양반이었어요. 허준이 살았던 조선 시대에는 반상제라는 제도가 있어서 신분에 따라 차별이 있었지요.

허준은 어려서부터 책읽기를 좋아했어요. 유교의 가르침을 담은 책이나, 중국과 우리나라의 역사책에도 관심이 많았어요. 학문을 좋아했지만 허준은 서자라는 신분 때문에 벼슬에 오르기가 쉽지 않았어요. 당시에는 양반이 아니면 과거를 볼 수 없었고, 설령 벼슬을 받더라도 높은 자리에 오를 수 없었지요.

허준의 친척 중에는 의학에 관심을 가진 유학자들이 있었어요. 그 중 김안국과 김정국은 유학자이면서도 의학에 밝았지요. 김안국은 두창 치료법이 담긴 《창진집》을 우리말로 풀이한 《언해창진방》을, 김정국은 가난한 백성들을 위해 민간요법을 정리한 《촌가구급방》을 쓸 정도로 의학에 관심이 많았어요. 그 영향을 받아 허준도 의학 공부를 하게 되었고, 서자라는 신분의 설움을 의학 공부를 하며 이겨 냈어요.

어린 시절의 허준
책읽기를 좋아하고 총명해서 여러 분야의 책을 두루두루 읽었어요.

홍담에게 허준을 추천하는 유희춘
허준의 의술에 감탄한 유희춘은 허준이 내의원에 들어갈 수 있게 추천했어요.

그리고 열심히 의술을 갈고닦아 주변 사람들을 치료해 주었고, 점점 유명해졌어요.

당시 허준이 알고 지내던 유학자 중에 유희춘이라는 사람이 있었어요. 어느 날, 유희춘의 얼굴에 심한 종기가 났고 아무리 애를 써도 낫지 않았어요. 때마침 허준이 지렁이 즙으로 종기를 깨끗하게 고쳐 주었고 유희춘은 허준의 의술에 감탄했지요. 그래서 이조판서 홍담에게 허준을 추천하여 내의원에 들어갈 수 있게 도와주었어요. 유희춘이 쓴 친필 일기인 《미암일기》에 이 이야기가 나와 있답니다.

여기서 잠깐!

허준과 관련된 여러 가지 기록을 찾아보세요.

허준기념실에서는 허준과 관련된 여러 가지 옛 기록을 영상으로 볼 수 있어요. 영상을 자세히 보고 어떤 기록이 있는지 찾아서 정리해 보세요.

☞ 정답은 56쪽에

내의원에 들어가다

첨정
내의원 의관의 벼슬 중 하나예요.

선조실록
선조가 왕이 되어 다스린 41년 동안의 기록이 들어 있어요.

유희춘의 추천으로 내의원에 들어간 허준은 종4품 내의원 **첨정**이 되었어요. 당시에는 의관이 되려면 '의과'라는 과거 시험을 봐야 했어요. 하지만 허준처럼 추천을 받아서 의관이 되는 경우도 있었어요. 허준은 내의원에서 다른 의관들처럼 왕실의 건강을 돌보며 진료와 의학 연구를 했어요.

어의의 역할

어의는 직접 임금을 진료하는 의원이에요. 상황에 따라 3명에서 많게는 7명까지 있었어요. 어의 중 가장 의술이 뛰어나고 경력이 많은 사람이 수의가 되었어요. 수의는 임금의 병을 진찰하고 치료하는 최종 책임을 졌어요. 요즘의 대통령 주치의에 해당하지요.

내의원에서 다양한 경험을 하면서 허준의 의술은 더욱 발전했어요. 점점 실력을 인정받은 허준은 명의 안광익을 도와서 선조의 진료에도 참여하게 되었어요.

《**선조실록**》을 보면 두 사람이 진맥한 일에 대해 "안광익과 허준이 왕의 맥을 진찰하고는 왕께서 전에 비해 더 수척하고 맥이 매우 약해지셨다. 그래서 찬 음식 드시기를 좋아하고 문을 열어 놓고 바람을 들어오게 한다."고 쓰여 있어요. 선조가 소화 기관인 위에 기운이 없어서 몸이 야위고, 열이 나고 가슴이 답답한 병이 났다는 뜻이지요. 허준을 비롯한 내의원의 어의들은 정성스럽게 선조를 보살펴 병을 고쳤고 그 공으로 모두 상을 받았어요.

선조는 조선의 의학이 발전해야 한다고 생각해서 의학 연구에 더 힘쓸 것을 내의원에 명했어요. 그리고 의술이 뛰어

허준은 명의 안광익과 함께 선조를 돌보았어요.
원래 몸이 허약했던 선조는 잦은 병치레를 했지요.

허준은 내의원에서 의학 연구를 게을리하지 않았어요. 바쁜 중에도 동료 의관들과 연구하고, 의서를 쓰는 데에 열중했어요.

난 허준에게 의학의 기본인 진맥에 관한 책을 만들라고 명했지요. 당시 조선의 의관들은 《찬도맥결》《의학입문》과 같은 중국 의서를 보고 공부하고, 처방했어요. 하지만 내용이 너무 간단하여 이해하기도 어렵고 틀린 곳도 많았어요. 허준은 《찬도맥결》의 잘못된 부분을 고치고, 내용을 정확히 이해할 수 있도록 《찬도방론맥결집성》을 펴 냈어요. 중국의 의서를 무조건 믿기보다 잘못된 처방과 옳은 처방을 가려낸 것이지요. 그리고 이 책이 나온 뒤에는 의과 시험의 교재로 쓰이고 의학 공부를 막 시작하는 사람들에게 좋은 참고 자료가 되었어요.

진맥
병을 진찰하기 위해서 손목의 맥을 짚어 보는 것이에요.

찬도맥결
맥의 기본 원리와 내용을 노래로 만들어 쉽게 익히도록 한 중국의 의서예요.

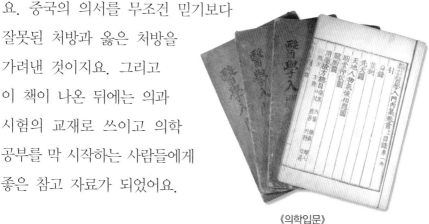

《의학입문》
중국 명나라 때 여러 학설을 종합하여 만든 의서예요.

《찬도방론맥결집성》
환자의 맥을 짚어 병을 진찰하는 방법이 쉽게 쓰여 있어요.

왕자의 두창을 치료하다

허준은 자신의 의서를 펴내고도 나라 안팎의 여러 의서를 읽으며 의학 공부를 게을리하지 않았어요. 그동안 고치기 어려웠던 병의 치료법을 찾기 위해 내의원에서 각종 약재를 사용하며 꾸준히 연구했지요.

그러던 어느 날, 왕자 광해군이 병이 났어요. 온몸에 열이 나고 붓더니 고름이 잡혔어요. 바로 두창에 걸린 것이었어요. 두창은 전염성이 매우 강해서 많은 사람들을 죽게 만드는 병이지요. 광해군의 누이도 두창으로 목숨을 잃었어요. 그런데 어린 왕자가 두창에 걸렸으니 왕실의 걱정은 이만저만이 아니었어요. 이런 경우 의관들은 왕자의 병을 고치면 상을 받고 출세하지만, 고치지 못한다면 큰 벌을 받았어요. 그래서 어의들 중에서 선뜻 왕

두창은 어떤 병일까요?

두창은 열 때문에 피부에 좁쌀 같은 반점이 붉게 돋는 전염병이에요. 손님, 마마, 호환이라고 불리기도 했어요. 고려 시대 의서인 《향약구급방》에 처음 기록된 오래된 병이지요. 서양에서는 19세기 이후 영국 의사 제너가 종두법이라는 두창 예방법을 개발하였어요. 우리나라에 두창 예방법이 소개된 것은 19세기 말에 지석영이 일본에서 배워 오면서예요.

두창에 걸린 광해군

광해군은 어린 시절 두창에 걸렸었어요. 요즘에는 종두법이라는 치료법이 개발되었지만 그 전까지만 해도 두창에 걸리면 많은 사람들이 죽었어요. 두창은 전염성이 강해서 걸리면 가족은 물론 이웃에게도 퍼지는 병이에요.

자를 치료하겠다고 나서는 사람이 없었어요. 하지만 허준은 오로지 환자를 살려야 한다는 생각으로 광해군의 두창 치료에 나섰어요.

그런데 당시 내의원에서 쓰던 치료법으로는 왕자의 두창이 낫지 않았어요. 허준은 여러 가지 의서를 찾아보며 정성을 다해 치료해서 광해군의 두창을 씻은 듯이 낫게 하였어요. 이 일로 허준은 두창 치료의 명의로 이름을 날리게 되었어요.

이 공을 높이 산 선조는 허준에게 '정3품 당상관 통정대부'라는 높은 벼슬을 내렸어요. 그러자 많은 신하들이 반대 상소를 올렸어요. 허준의 두창 치료법은 당시 내의원의 치료법이 아니며, 정3품은 서자가 오를 수 없는 높은 벼슬이라는 이유였어요. 하지만 허준의 뛰어난 의술을 인정한 선조는 신하들의 반대를 물리치고 벼슬을 내렸어요.

그 뒤 허준은 광해군을 치료한 경험을 살려 두창에 대한 의서를 썼어요. 한자를 모르는 백성들을 위해 한글로 썼는데, 그 책이 바로 《언해두창집요》예요.

상소
왕에게 신하들이 글로 의견을 올리는 것을 말해요.

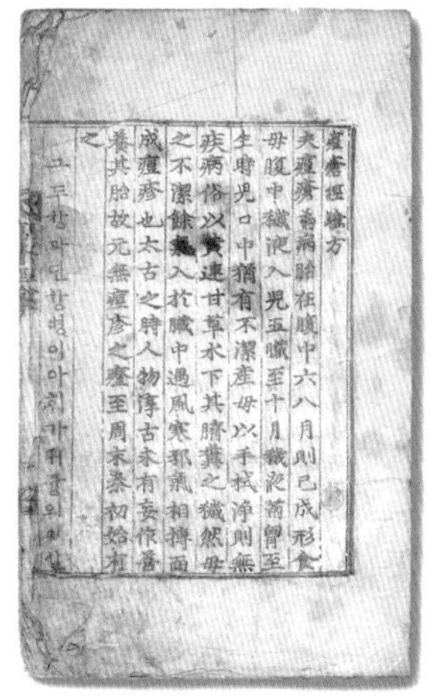

《두창경험방》
현종 때 두창 전문 의원인 박진희가 두창을 치료하는 약방문을 기록한 의서예요.

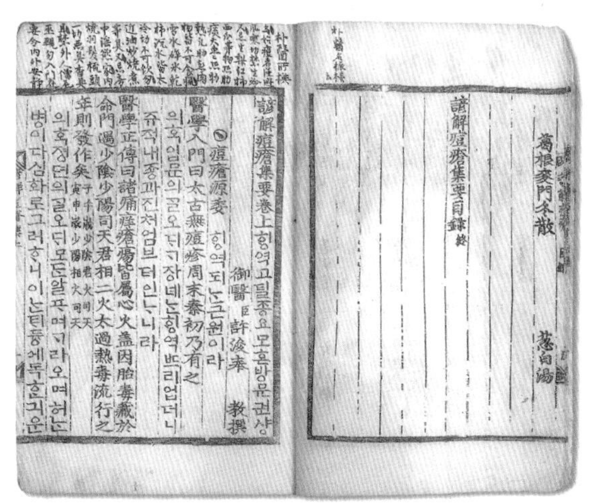

《언해두창집요》
두창에 대해 허준이 쓴 의서예요. 한글로 풀어 놓았어요.

왕을 돌보는 어의가 되다

왕자의 두창을 고치면서 벼슬이 높아진 허준은 자만하지 않고 더 성실히 의관의 책임을 다했어요.

그러던 중 임진왜란이 일어났고, 막대한 병력의 왜군에게 밀린 선조는 몽진을 떠났어요. 내의원 어의인 허준을 비롯해 다른 신하들도 선조를 따라 의주로 가는 피난길에 올랐어요. 전쟁 중에는 약재도 부족하고 몸을 편히 쉴 수도 없었어요. 그렇지 않아도 몸이 약했던 선조는 날이 갈수록 더 허약해졌어요. 전쟁이 조선에게 불리해지자 많은 신하들이 왕을 버리고 제 목숨을 구하기에 바빴어요.

몽진
임금이 궁궐을 떠나 피난 가는 것을 이르는 말이에요.

전쟁이 끝나고 무사히 궁궐로 돌아온 선조는 허준을 더 신뢰하게 되었어요. 그리고 끝까지 남아 곁을 지킨 신하들에게 큰 벼슬을 내렸어요. 허준은 수의 양예수를 스승으로 삼아 의학 공부에 더 열중했어요. 양예수는 《의림촬요》에 "성품이 총민하고 어릴 때부터 학문을 좋아했으며, 경전과 역사에 두루 밝았다. 특히 의학에 정통했는데, 그 이치를 깊이 깨우쳐서 살린 사람이 많았다."라고 쓸 정도로 허준의 실력을 칭찬했어요. 선조 역시 "모든 서적에 널리 통달하여 약을 쓰는 데도 노련하다."고 칭찬했어요. 양예수가 죽은 뒤 수의가 된 허준은 선조가 승하하는 마지막 순간까지도 최선을 다해 진료했어요.

'호성공신'이 된 허준

1604년 임진왜란이 끝나자 선조는 전쟁에서 공을 세운 사람에게 상을 내렸어요. 허준은 선조를 곁에서 보살피며 지킨 공으로 '호성공신' 책봉을 받았어요. 《호성공신녹권》에 이 내용이 실려 있답니다.

승하
왕의 죽음을 높여 부르는 말이에요.

선조의 뒤를 이어 즉위한 광해군에게 사헌부와 사간원에서는 당시 수의였던 허준을 귀양 보내라는 상소를 올렸어요. 조선 시대에는 임금이 승하하면 수의에게 그 책임을 물어 귀양을 보내거나 큰 벌을 내렸거든요. 광해군은 신하들의 거센 상소를 이기지 못하고 허준을 의주로 귀양 보냈어요. 하지만 2년이 안 되어 내의원으로 다시 돌아오게 했어요.

선조가 덕수궁 안에 있는 월산대군의 저택 석어당에서 지냈을 때 허준이 진료하는 모습이에요.

궁궐로 돌아온 허준은 전염병에 대한 치료법을 찾기 위해 노력했어요. 내의원은 물론, 전염병이 도는 곳이 있으면 직접 그곳으로 가서 병자를 돌보았어요. 백성들의 어려움을 직접 살피며 치료법을 찾고자 한 것이에요. 이렇게 허준이 전염병에 대한 치료법을 찾아내자 광해군은 이를 의서로 만들게 했어요. 허준은 평안도 지방에서 전염병이 돌자 그 치료법이 담긴 《신찬벽온방》을, 다시 그 해에 성홍열이 돌자 치료법이 담긴 《벽역신방》을 만들었어요. 이렇게 끊임없이 연구하고 공부하는 허준은 백성들을 진정 보살필 줄 아는 의원이었어요.

《신찬벽온방》
온역 치료에 관한 책으로, 전염병의 발생 원인과 증상, 처방 및 예방법 등이 쓰여 있어요.

《벽역신방》
오늘날의 성홍열을 막기 위해 펴낸 전염병 치료에 관한 책이에요. 성홍열에 대한 세계 최초의 기록으로 치료법까지 실려 있어요.

성홍열
갑자기 열이 나고 토하며, 피부에 작은 좁쌀 같은 것이 돋는 병이에요.

한의학의 빛, 《동의보감》

허준은 의관뿐 아니라 의학 연구자로서도 아주 뛰어난 사람이었어요. 그것을 눈여겨 본 선조는 허준에게 우리나라 사람에게 꼭 맞는 의서를 만들라고 했어요.

조선 시대에는 대부분의 의관들이 중국 의서를 참고해서 병을 진단하고 치료했어요. 우리나라 의서로는 고려 시대 의서인 《향약구급방》, 조선 세종 때 만든 《의방유취》 등이 있었지만 그 책만으로는 턱없이 부족했어요. 그래서 새로 의서를 개발하기 위해 내의원 안에 의서 **편찬국**을 두었어요. 허준이 총 책임자가 되고 정작, 양예수, 김응탁, 이명원, 정예남 등이 참여했어요.

광해군이 이름을 지은 《동의보감》

허준의 최고 업적은 선조의 명에 따라 《동의보감》을 편찬한 것이에요. 그런데 《동의보감》이라는 책 제목을 지은 사람은 허준이 아니라 광해군이에요. '우리 의학의 보배로운 거울'이라는 뜻을 담아 지었지요. '동'은 우리나라를 가리키는 말이에요. 이름만 보아도 이 책이 당시에는 물론 지금까지도 얼마나 값진 것인지 알 수 있겠지요.

편찬국
여러 자료를 모아 정리하여 책을 만드는 것을 편찬이라고 해요. 편찬국은 책을 편찬하는 곳이지요.

《동의보감》을 집필하는 허준

허준은 귀양을 다녀오고도 의학 연구를 멈추지 않았어요. 허가바위의 토굴에서 《동의보감》을 쓰는 모습이에요.

그러나 정유재란이 일어나면서 결국 의서 편찬은 중단되었고, 허준은 선조에게 받은 500여 권의 책을 참고하여 혼자 의서를 쓰기 시작했어요. 그러던 중 선조가 병으로 승하하고, 허준은 그 책임 때문에 귀양을 갔지만 그곳에서도 의서 편찬 작업을 멈추지 않았어요.

1610년 마침내 《동의보감》이 완성되었어요. 1596년에 시작한 일이 15년 만에 끝을 보게 된 것이지요. 당시 왕이던 광해군은 허준의 공을 칭찬하며 당장 《동의보감》을 간행하여 널리 사용하라고 했어요.

정유재란
임진왜란 중 전쟁이 중단되었다가 1597년 정유년에 일본이 다시 조선을 침략하여 일어난 전쟁이에요.

간행
책을 인쇄하여 세상에 널리 쓰이도록 하는 것을 말해요.

《동의보감》을 간행하는 과정

《동의보감》은 1613년 내의원 훈련도감*에서 처음 간행했어요. 많은 사람들에게 의학 지식을 보급하기 위해 훈련도감에서 인쇄했어요. 나무로 활자를 만들어서 내용에 맞는 글자를 하나하나 맞추어서 찍는 목활자본이에요. 그럼, 어떤 과정을 거쳐 《동의보감》을 인쇄했는지 알아보아요.

① 종이에 내용을 쓰고, 새길 나무를 준비해요.

② 글자본을 거꾸로 붙이고 활자를 파요.

③ 활자를 배열하고 글자가 잘 맞추어졌는지 시험 인쇄를 해 보아요.

④ 틀린 글자나 빠진 글자가 있는지 확인하고 인쇄해요.

⑤ 책이 만들어지면 이상이 없는지 확인하고 보관해요.

⑥ 완성된 《동의보감》이에요. 1613년 내의원 훈련도감에서 처음 간행했어요.

* 훈련도감 : 훈련도감은 원래 수도의 수비를 맡아보던 군이었어요. 하지만 임진왜란으로 나라의 여러 기능이 마비되자 훈련도감의 인원을 이용하여 《동의보감》 목활자본을 만들게 했어요.

서갑
총 25권인 《동의보감》을 모두 보관한 서갑이에요.

이에 대한 기록이 조선왕조실록 가운데 《광해군일기》에 남아 있어요. 1610년 8월 6일, 광해군이 허준이 《동의보감》을 완성한 허준에게 상을 내리라고 하면서, "선조 때 의서를 만들라는 명을 받고 수년간 연구를 했고, 심지어는 유배되어 옮겨다니면서도 그 일을 쉬지 않았다."고 칭찬했어요.

《동의보감》은 총 25권 25책으로 구성되어 있어요. 〈내경편〉은 몸 안에 대한 내용과 질병을, 〈외형편〉은 몸의 겉으로 보이는 것과 증상을, 〈잡병편〉은 여러 가지 질병에 대해 다루고 있어요. 〈탕액편〉은 약, 〈침구편〉은 침과 뜸에 대해 다루지요. 《동의보감》은 병에 따라 각각의 처방이 매우 자세하게 정리되어 있어요. 그래서 의원들이 《동의보감》만 있으면 환자를 진료하는 데 큰 어려움이 없었어요.

《동의보감》의 구성

구성	권	책
차례	2권	1~2책
내경편	4권	3~6책
외형편	4권	7~10책
잡병편	11권	11~21책
탕액편	3권	22~24책
침구편	1권	25책

여기서 **잡깐!**

《동의보감》 구성에서 찾아보세요.

《동의보감》은 크게 다섯 부분으로 구성되어 있어요. 전시실의 자료를 보며 아래의 사람이 어떤 책을 봐야 할지 찾아서 써 보세요.

침을 놓아요. 진맥을 해요. 약을 어떻게 지을까요?

__________ 을 보세요. __________ 을 보세요. __________ 을 보세요.

보기 잡병편, 내경편, 외형편, 탕액편, 침구편

☞ 정답은 56쪽에

《동의보감》을 보면 허준의 의학 사상을 알 수 있어요. 첫째, 자연과 사람이 아주 가까워서 계절, 시간, 남녀노소에 따라 다르게 처방해야 한다고 했어요. 둘째, 태어날 때 **체질**과 몸속의 **오장육부**가 사람마다 달라서 병의 원인과 고치는 방법이 달라진다고 했어요. 마지막으로 사람의 몸과 정신이 조화를 이룰 때 건강하다고 했어요. 아픈 사람의 몸과 마음, 주변 환경을 다 살펴보고 병이 생긴 원인을 찾으라고 했어요. 겉으로 보이는 병을 고치기에 앞서 마음의 병을 다스려야 정말 병을 고칠 수 있다고 생각한 것이지요.

체질
나의 몸이 가지고 있는 독특한 모양과 기능을 말해요.

오장육부
한의학에서 몸 안의 장기를 통틀어서 이르는 말이에요.

오장도

〈내경편〉에 있는 우리 몸의 장기를 그린 그림이에요. 허준은 사람 몸속을 직접 본 것도 아닌데 어떻게 장기를 그렸을까요? 오장도는 실제 모습을 그린 것이 아니라 그 장기가 하는 일을 상징해서 그린 것이에요. 그럼, 허준이 그린 우리 몸속의 장기와 하는 일에 대해 알아보아요.

간장도
나무가 물을 빨아올려 생명을 이어가듯이 간은 나무껍질이 갈라지는 모양이에요. 나무껍질이 터지듯 간의 생명력이 뻗어나가는 힘을 그린 것이지요.

심장도
막 피어나는 연꽃 모양이에요. 연꽃은 우리의 마음을 상징해요.

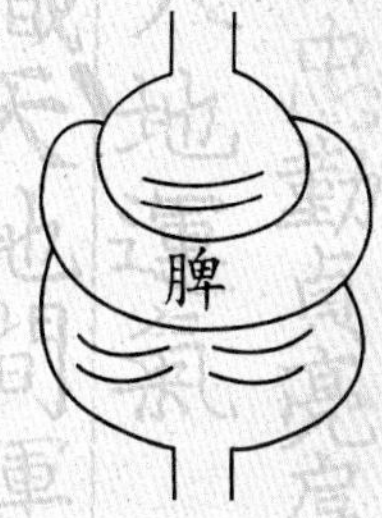

비장도
'지라'라고도 하는데 나머지 네 가지 장기에 필요한 영양분을 보내 주지요. 마치 흙에서 모든 곡식이 자라는 것 같이 비는 우리 몸속에서 흙과 같은 일을 해요. 모양이 마치 진흙을 쌓아 놓은 것 같아요.

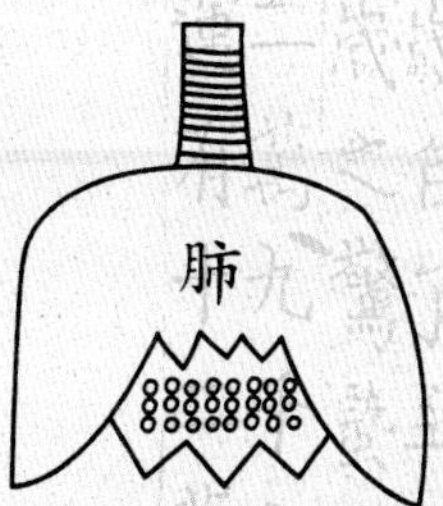

폐장도
폐는 양쪽에 큰 잎이 있고 그 안에 작은 잎들이 모여 있는 모양이에요. 실제 폐의 모습과 비슷하지요. 밑에 있는 24개의 구멍은 24절기를 나타내는데 이 구멍을 통해 1년 내내 몸에 맑은 기운을 보내 준다는 뜻이에요.

신장도
실제 신장과 같은 모양이에요. 신장이 마주보고 있는 모양을 그렸는데 왼쪽은 물, 오른쪽은 불 같은 역할을 해요.

이렇게 허준은 사람과 질병에 대한 철학을 바탕으로 의서를 만들었어요. 사람을 아끼고 사랑하는 마음이 있었기에 가능한 일이었어요. 허준의 이런 마음은 약재를 소개한 〈탕액편〉에 잘 나타나 있어요. 다양한 약재를 소개하면서 흔히 구할 수 있는 약재 637가지를 한글로 써 놓았어요. 이를 보고 의원을 찾기 힘든 가난한 백성들이 병을 고치는 데 도움이 되라는 의미였지요.

국내외에서 간행된 《동의보감》

1613년 훈련도감에서 활자본으로 처음 간행된 《동의보감》은 그 뒤에 목판본으로 만들어 찍기도 했어요. 현재 6종이 발견되었어요. 그리고 지금까지 중국과 일본에서 만들어진 《동의보감》의 판본까지 합치면 총 30여 종에 이르지요.

17~18세기경 《동의보감》의 명성은 중국에도 널리 퍼져나갔어요. 중국 사람들이 조선에 직접 와서 이 책을 구하였다는 기록이 《조선왕조실록》에도 쓰여 있어요.

지금도 《동의보감》의 가치는 변함없어요. 우리가 감기에 걸리면 먹는 '쌍화탕'이나 눈을 밝게 하고 머리를 맑게 하는 '총명탕', 크게 놀랐을 때 먹는 '우황청심환'도 옛날 처방 그대로 사랑 받고 있어요.

이처럼 《동의보감》은 허준이 많은 의서를 연구하고 실제 한의사로 활동하며 겪은 경험을 담아 이론과 실제를 완벽하게 갖춘 책이에요. 그렇기에 시대와 나라를 초월하여 사용하는 훌륭한 의서가 되었지요.

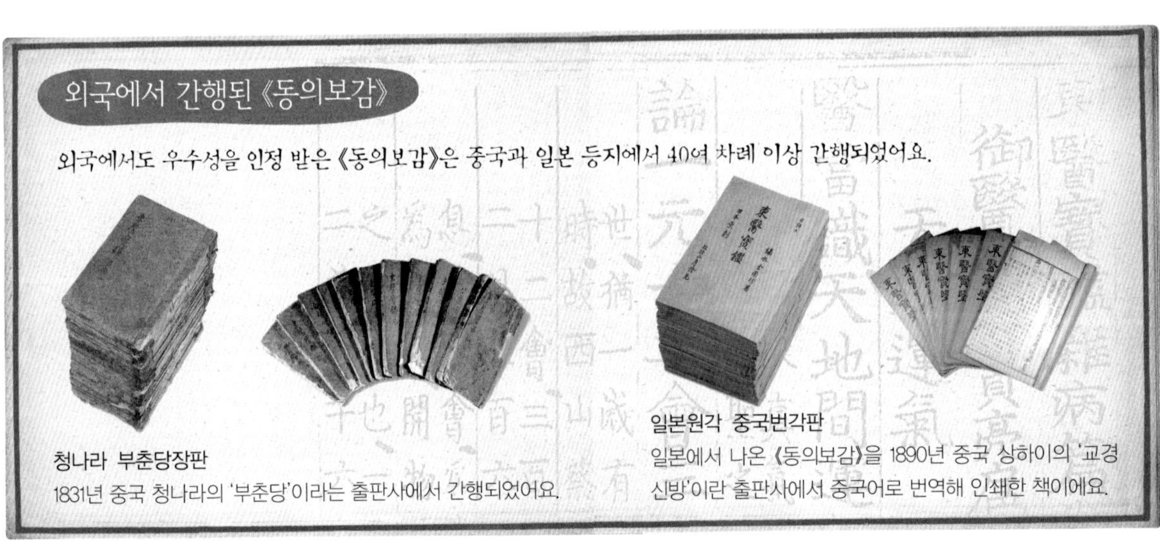

외국에서 간행된 《동의보감》

외국에서도 우수성을 인정 받은 《동의보감》은 중국과 일본 등지에서 40여 차례 이상 간행되었어요.

청나라 부춘당장판
1831년 중국 청나라의 '부춘당'이라는 출판사에서 간행되었어요.

일본원각 중국번각판
일본에서 나온 《동의보감》을 1890년 중국 상하이의 '교경신방'이란 출판사에서 중국어로 번역해 인쇄한 책이에요.

계피 인삼 박하 당귀 황기

우리나라 의학은 어떻게 발달했을까?

우리나라의 의학은 삼국 시대부터 본격적으로 발달했어요. 외국과 교류를 시작하면서 주로 중국으로부터 의서와 약재 등이 들어오기 시작했어요. 중국에 가서 직접 의술을 배워 오는 사람들도 있었어요. 이렇게 중국의 의학이 삼국에 전래되면서 삼국은 각자 의술을 발달시켰어요. 세 나라 중 백제는 자신들의 의술을 일본에 전하기도 했어요. 그리고 우리나라에 불교가 전해지면서 인도의 의학도 들어왔어요. 그러면서 외국 의학을 우리나라 실정에 맞추려고 노력하기 시작했어요. 고려 시대에는 의학을 체계화하기 위한 연구를 시작했어요. 이런 의서로는 《향약*구급방》이라는 의서의 편찬을 들 수 있어요. 이 책은 현재 남아 있는 우리나라 의서 중 가장 오래되었지요.

조선 시대에 들어서자 우리나라는 의학 기술의 발달과 의서 편찬 작업이 활발하게 이루어졌어요. 중국의 의서를 무조건 받아들이기보다 우리에게 알맞은 의학을 체계화시키기 위한 것이었어요. 이 때 나온 의서 중에 《향약집성방》《의방유취》《동의보감》이 3대 의서로 손꼽히지요. 그 외에도 전염병이나 응급 상황 등에 대비하기 위한 책, 백성들이 쉽게 볼 수 있도록 한글로 쓴 의서들도 나왔어요. 그리고 의학의 발달과 함께 동물을 다룬 수의학 책도 만들었어요.

《향약집성방》
《향약제생집성방》을 기본으로 각종 병과 우리나라 약재에 대한 설명을 담아 체계적으로 정리한 책이에요.

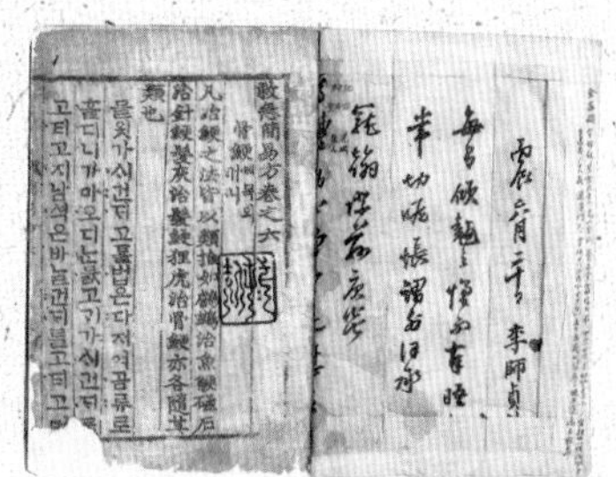

《구급간이방》
뱀에 물리거나, 심한 감기에 걸렸을 때와 같이 응급 상황에서 쓸 수 있게 만든 한글 의서예요.

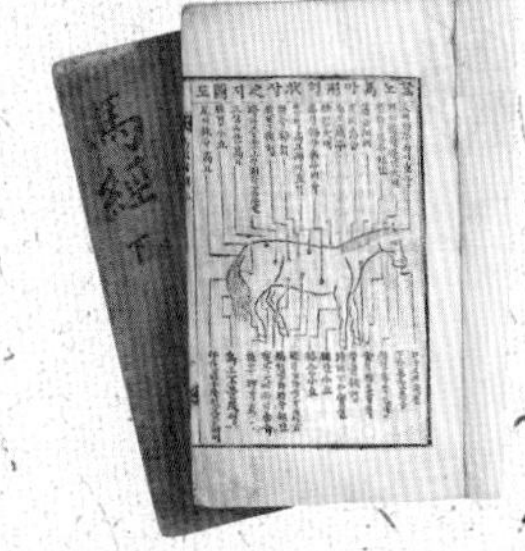

《마경초집언해》
동물에 대해 다룬 수의학 책이에요. 중국의 《마경》을 간추려서 말의 병과 치료법을 실었어요.

* 향약 : 고려 시대부터 우리나라에서 나오는 약재를 중국에서 나는 약재와 비교해 이르던 말이에요.

약초·약재실, 의약기실

한의학에서 썼던 약과 도구들

예부터 한의학에서는 우리가 먹는 풀이나 과일, 곡식들을 약초와 약재로 써 왔어요. 약초는 약으로 쓸 수 있는 풀이고, 약재는 약으로 쓸 수 있게 만든 약재료예요. 전시실에서 《동의보감》에 나오는 약초와 약재에 대해 알아보아요. 그런 다음 의약기실을 둘러보세요.

약초를 캘 때 사용한 도구와 약재를 만들기 위해 사용한 도구뿐만 아니라 사람의 병을 고치기 위해 사용했던 의료기도 살펴볼 수 있어요. 그리고 같은 용도의 의약기가 시대에 따라 어떻게 변했는지 눈여겨보세요.

침 · 뜸 · 서랍이 가득 달린 약장, 약통, 정확한 양의 약을 재기 위한 약저울 등은 오늘날의 의료 기구와 어떻게 다른지 비교해 보세요.

《동의보감》 속의 약초와 약재

한의학에서는 어떤 것들을 약초와 약재로 사용했을까요? 약초·약재실에는 인삼, 감초, 계피 등을 비롯해 《동의보감》에서 자주 사용한 약초·약재가 전시되어 있어요. 환자의 병을 고치기 위해서는 약초·약재가 어떤 병에 무슨 효과가 있는지 잘 알아야겠지요?

《동의보감》에서는 주로 쓰는 약초들을 크게 곡부, 과부, 채부, 초부, 목부 다섯 가지로 나누었어요. 팥이나 콩 같은 곡식은 곡부, 귤이나 모과처럼 나무에서 열리는 열매는 과부, 푸성귀나 버섯, 해초류 등은 채부로 구분해요.

계피나 오가피처럼 나무껍질 약재는 목부예요. 그리고 약재 중에서 가장 수가 많은 초부에는 인삼, 쑥 등이 있어요.

이처럼 《동의보감》에서는 우리 주변에서 볼 수 있는 다양한 것들이 약이 된다고 했어요. 물, 흙, 동물의 몸, 벌

약방의 감초?

우리는 아무 때나 아무 일에나 빠지지 않고 꼭 끼는 사람이 있을 때 '약방의 감초'라고 표현해요. 이 말이 왜 생겼을까요? 한약을 지을 때 거의 모든 약에 감초가 들어가기 때문이에요. 감초는 맛이 달고 독성을 없애는 효과가 있어서 거의 모든 약에 쓰이지요.

감초

약초 손질 방법
약초를 캔 다음에는 약재로 쓸 수 있도록 여러 가지 방법으로 손질해요.
손질하기
필요 없는 부분을 잘라 내고 쓸 부분만 추려내요.
말리기
햇볕이나 그늘에 말려요.
익혀서 말리기
불에 쪼여 익힌 뒤 말려요.

레, 옥돌, 금속 같은 것도 우리 몸을 건강하게 하는 데 도움을 주는 약재로 소개했어요. 이를 10개로 나누어 이름을 붙였는데, 여러 가지 종류의 물을 말하는 수부, 18가지 흙을 뜻하는 토부, 사람의 몸을 말하는 인부, 여러 가지 새를 말하는 금부가 있어요. 또 236가지 짐승을 말하는 수부, 53가지 물고기를 뜻하는 어부, 95가지 벌레와 동물을 말하는 충부가 있어요. 그리고 옥부는 4가지 옥돌을, 석부는 55가지 돌을, 금부는 33가지 금속을 말해요. 허준은 세상 어디에도 약이 되지 않는 것은 없다고 했지요.

《동의보감》의 약재 분류

식물	동물	무생물
곡식 (곡부)	사람에게서 나온 것 (인부)	물 (수부)
열매 (과부)	새 (금부)	흙 (토부)
나물 (채부)	짐승 (수부)	옥돌 (옥부)
나무 (목부)	물고기 (어부)	돌 (석부)
풀 (초부)	벌레 (충부)	금속 (금부)

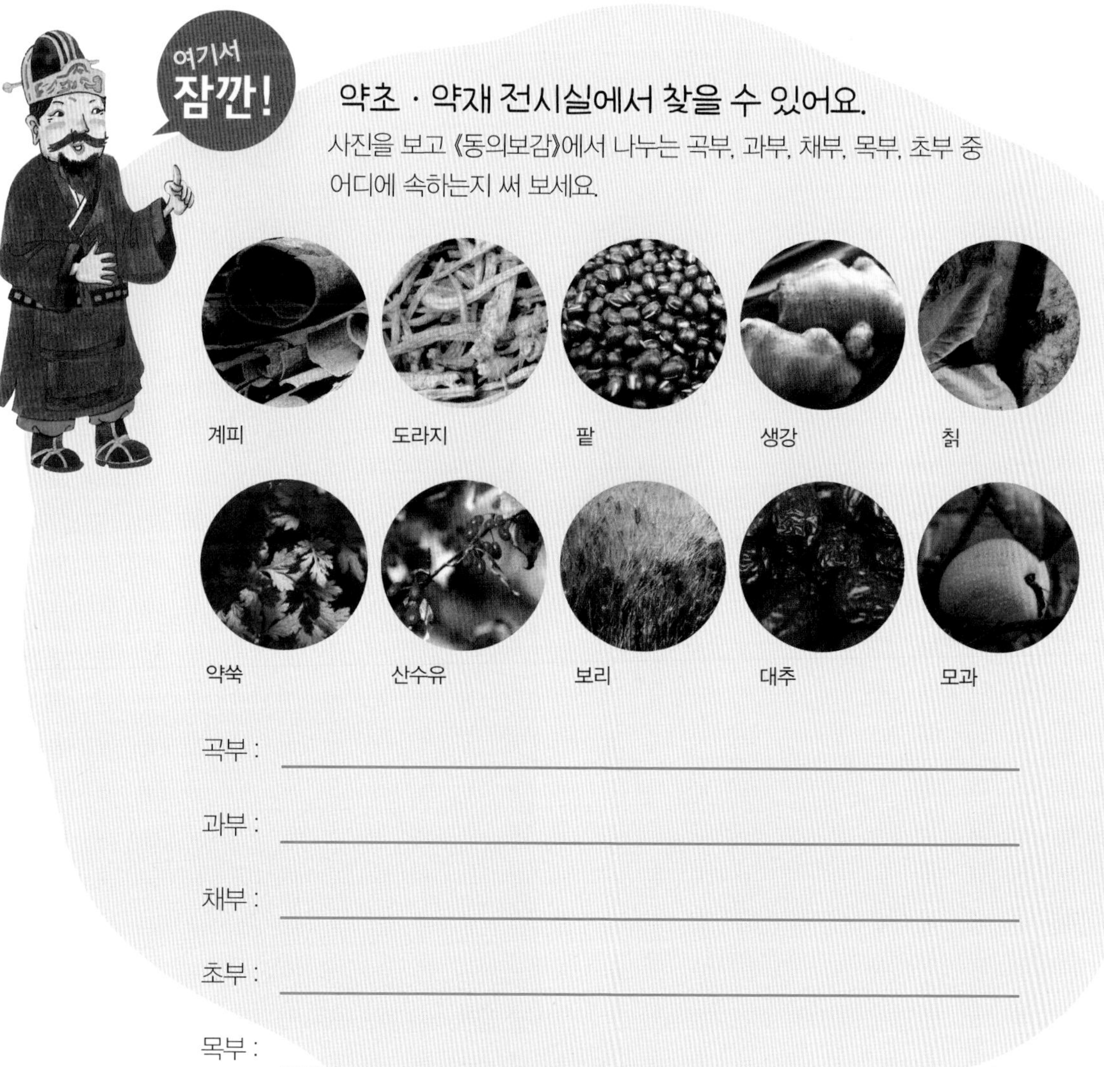

약초 · 약재 전시실에서 찾을 수 있어요.

사진을 보고 《동의보감》에서 나누는 곡부, 과부, 채부, 목부, 초부 중 어디에 속하는지 써 보세요.

계피 도라지 팥 생강 칡

약쑥 산수유 보리 대추 모과

곡부 : ____________________

과부 : ____________________

채부 : ____________________

초부 : ____________________

목부 : ____________________

☞ 정답은 56쪽에

계피 인삼 박하 당귀 황기

재미있는 인삼 이야기

인삼은 뿌리의 생김새가 사람을 닮아서 붙은 이름이에요. 《동의보감》을 보면 "인삼은 몸의 장기들을 건강하게 하고 정신을 안정시키며, 눈을 밝게 하고 기억력을 좋게 한다."라고 써 있어요. 그만큼 인삼은 두루두루 뛰어난 약효를 가졌어요. 병든 어머니를 살리기 위해 제 목숨을 아끼지 않은 아들을 보고 하늘이 감동하여 인삼을 내려주었다는 옛날 이야기도 있을 만큼 인삼은 오래전부터 명약*으로 통했어요.

옛날부터 우리나라 인삼의 가치는 외국에서도 인정했어요. 삼국 시대에는 중국에 수출을 하기도 했어요. 그리고 고려 시대에는 중국에서 가장 원하는 물품으로 꼽을 정도였어요. 무역이 발달한 고려 시대에는 중국의 송나라와 일본, 멀리 아라비아의 상인들과도 교류했는데, 최고의 인기 상품은 역시 인삼이었어요. 그러면서 우리나라 인삼을 찾는 상인들 사이에서 고려를 가리키는 말인 '코리아'라는 말이 세계에 퍼지게 되었어요.

인삼은 원래 조선 시대에 풍기 지역에서 처음으로 산삼 종자를 심어서 재배한 것이에요. 삼국 시대나 고려 시대의 인삼은 사람이 재배하기 전의 것이에요. 정확히 말하면 산

아라비아 상인들과 고려 상인들이 무역할 때 최고의 상품은 인삼이었어요.

삼인 것이지요. 인삼은 햇볕이 들지 않는 그늘에서만 자라기 때문에 햇볕이 한참인 아침 10시 이후에는 더 이상 자라지 않아요. 또, 물이 잘 빠지고 바람이 잘 통하는 곳에서만 잘 자라지요. 그래서 인삼을 기르는 밭에 검은 천을 치고 볏짚을 까는 등 다양한 방법을 개발하여 지금은 우리나라 전 지역에서 재배할 수 있게 되었어요.

인삼도

인삼은 종자를 심은 뒤 4~6년을 키워야만 거둘 수 있어요. 그러고 나면 그 땅을 한동안 쉬게 해야만 다시 인삼 재배를 할 수 있어요. 그만큼 인삼이 땅 속의 영양분을 많이 빨아들이기 때문이에요.

인삼을 재배하는 모습이에요.

인삼은 손질한 방법에 따라 종류가 달라져요. 수삼, 백삼, 홍삼, 태극삼을 대표적인 네 가지로 꼽을 수 있어요. 아무 손질도 하지 않은 인삼은 '수삼', 그대로 말리거나 껍질을 벗겨 말린 것은 '백삼'이라고 해요. 또, 조금 투명해질 때까지 쪄서 말리면 '홍삼', 홍삼보다 덜 쪄서 말리면 '태극삼'이라고 해요. 이렇게 다양한 방법으로 가공을 하면 보관 기간도 길어지고 약효도 좋아져서 인삼의 가치를 높일 수 있어요. 이 러한 인삼의 종류는 16가지나 된답니다.

* 명약 : 약효가 좋기로 이름난 약이에요.

다양한 의약기의 발달

도구의 발달

옛날에는 잎이나 돌과 같은 자연 속에서 도구를 찾아서 썼어요. 그러다 돌을 깨거나 갈아서 필요한 도구를 만들기 시작했지요. 흙으로 토기를 만들고, 토기에 구멍이나 발을 만들어 더욱 편리하게 변형시켰어요. 그 다음에는 금속으로도 도구를 만들었어요.

약초와 약재를 약으로 만드는 데 쓰이는 도구를 '의약기'라고 해요. 의약기는 시대에 따라 모양이 조금씩 달라졌어요. 이제 전시실을 둘러보며 우리 조상들이 어떤 의약기를 사용했는지 알아볼까요?

선사 시대에는 주변에서 쉽게 구할 수 있는 재료로 도구를 만들었어요. 돌로 '갈돌'과 '갈판'을 만들어서 약재를 가루로 빻거나 즙을 냈어요. 또 동물의 뼈를 갈아서 만든 침이나 흙으로 빚은 약그릇도 사용했어요. 그리고 사람이 병드는 것은 몸에 귀신이 들어왔기 때문이라고 생각해서 귀신을 쫓는 의식을 하기도 했어요. 이럴 때 쓰는 청동방울이나 청동거울은 그 시대에는 의료기라고 할 수 있어요.

삼국 시대의 의약기는 좀 더 과학적인 형태로 발전했어요. 갈돌과 갈판처럼 생겼지만 더 쓰기 편하게 모양을 다듬은 약연을 썼어요. 그리고 선사 시대에는 주로 돌이나 흙으로 도구를 만들었다면 삼국 시

여러 가지 의약기

갈돌과 갈판을 만들어 쓴 선사 시대부터 전문화된 의약기의 모습을 갖춘 고려 시대까지의 의약기예요. 돌, 흙, 청동, 곱돌 등 다양한 재료로 도구를 만들어 썼어요.

돌로 된 갈돌과 갈판 / 곱돌 약탕기 / 청동 약따르개

대에는 청동으로도 도구를 만들기 시작했어요. 청동으로 만든 약탕기나 초두를 보면 알 수 있어요.

고려 시대에는 중국 의서가 들어오면서 우리나라의 의학 수준도 높아졌어요. 그 영향으로 우리나라 사람이 직접 쓴 의학서도 여러 종류가 나왔지요. 의학의 발전은 약을 만드는 도구에도 나타났어요. 새로운 도구가 만들어지고, 전에 쓰던 것은 더욱 편리하게 발달했어요. 어떤 도구들이 있는지 의약기실의 유물을 살펴볼까요?

약을 가는 도구는 돌, 청동, 철 등 다양한 재료로 만들었고, 약맷돌과 같은 새로운 모양의 도구도 등장했어요. 그리고 탕약을 만들 때 사용하는 도구는 종류가 다양해졌어요. 약재를 넣고 탕약을 달이는 초두는 바닥에 다리를 만들었고, 약 따르개는 약을 따르기 편하도록 주둥이를 달았어요. 유물 중에는 청동 약숟가락도 있는데, 이것은 약을 먹거나 계량할 때 썼던 것이에요. 이런 도구들을 보면 고려 시대의 의학이 전문화되었음을 알 수 있지요. 그러나 청동이나 철과 같은 금속은 귀한 것이라 백성들은 그때에도 토기로 된 도구를 많이 사용했어요.

청동
구리와 주석을 섞은 금속이에요.

약탕기
탕약을 달이는 그릇이에요.

초두
액체를 넣어 끓이는 자루가 달린 솥이에요.

탕약
달여서 마시는 한약이에요.

약탕기에 탕약을 달여요.

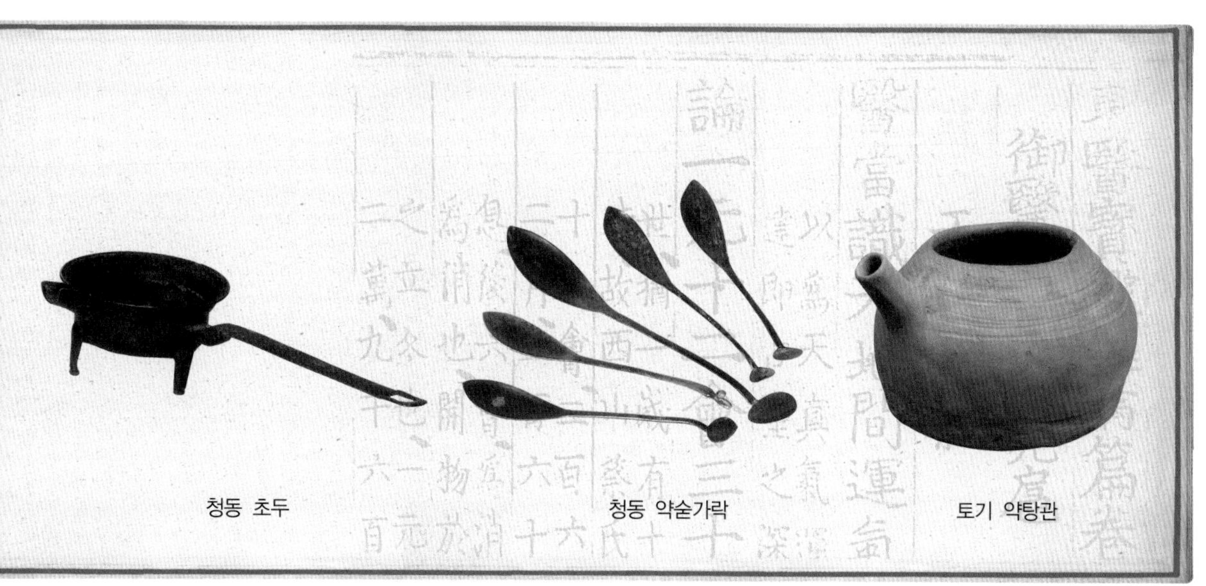
청동 초두
청동 약숟가락
토기 약탕관

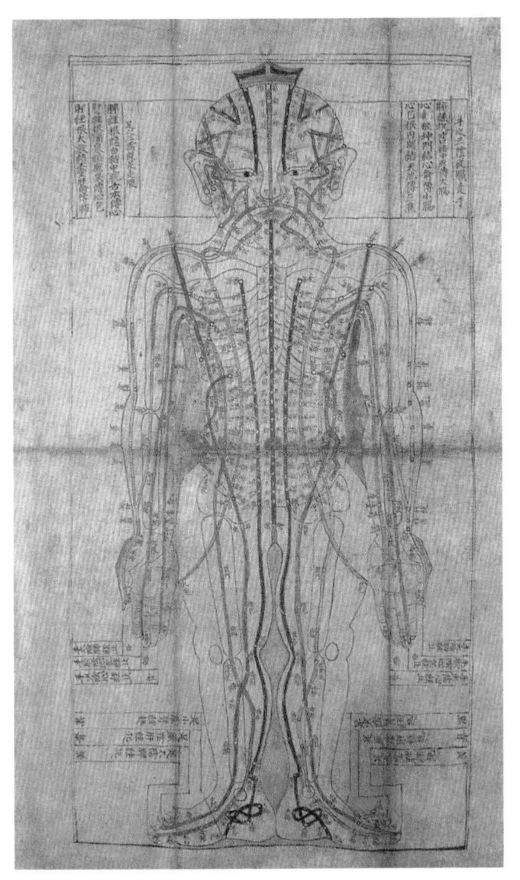

경락도

한의학이 가장 발달한 조선 시대에는 여러 가지 의약기가 개발되었어요. 전시장의 의약기들을 둘러보기 전에 먼저 알아야 할 것이 있어요. 바로 조선 시대의 치료 방법이에요.

조선 시대에는 병의 치료를 위해 중요하게 생각한 세 가지 방법이 있었어요. 첫째는 침을 놓고, 둘째는 뜸을 뜨며, 셋째는 약을 쓰라고 했어요. 그래서 의약기도 이와 관련된 것들 위주로 발달했어요. 가장 먼저 보이는 침은 사람의 몸에 직접 놓아서 병을 고치는 것이에요. 아주 굵은 침부터 기다란 침까지 크기가 다양해요. 침 옆에 놓인 통은 바로 침통이에요. 옛날 의원들은 병자가 있는 집에 직접 가서 치료하기도 했어요. 그래서 휴대용 침통이 필요했답니다. 그리고 사람 몸의 각종 경락들이 그려진 그림이 보이지요? 이것을 '경락도'라고 해요. 의원들이 이 그림을 보고 침을 어디에 놓아야 하는지 공부했지요.

뜸은 약쑥을 원뿔 모양으로 빚어서 몸에 올려 놓고 불을 붙여 그 열로 치료하는 것이에요.

경락
침 놓는 자리인 경혈이 연결된 것으로 몸 전체의 기운과 피를 운행하고 각 부분을 조절하는 통로예요.

망태기
새끼 등으로 꼬아 만든 주머니로 물건을 담아 가지고 다녀요.

한의학에는 침을 놓고 뜸을 뜨는 치료법이 가장 기본이었어요.

이처럼 뜸을 뜨기 위한 약쑥이나 각종 약재를 잘게 써는 약작두가 있어요. 그리고 약초를 캘 때 쓰는 갖가지 약호미나 캔 약초를 담는 망태기 등도 볼 수 있지요. 산에서 캐온 약초는 잘 손질하고 말려서 약장에 넣어 두고 처방에 따라 골라 썼어요.

조선 시대에 의서가 널리 쓰이면서 의원들은 약방문대로 정확히 약재를 쓰려고 했어요. 그래서 약저울이나 약수저와 같은 계량 도구들이 널리 퍼졌고, 더 정확히 계량할 수 있도록 모양을 다듬었어요. 그리고 작두나 약을 달이는 초두, 약두구리 등도 더 쓰기 편하도록 발달했어요.

약장

약재를 잘라서 따로따로 넣어 두는 장이에요. 서랍이 적게는 20여 개 달린 것에서부터 200개가 넘게 달린 것까지 매우 다양해요. 약장에 넣지 않는 재료는 봉지에 담아 천장에 매달아 두기도 했어요.

약방문
약을 짓기 위하여 약 이름과 약의 분량을 적은 것이에요.

조선 시대의 의약기

조선 시대의 의약기들은 더욱 전문화된 모습을 갖추었어요. 의약기의 종류도 다양해졌지요. 또한 각종 도구들을 만들어서 정확한 치료와 약처방이 가능해졌어요.

내의원과 한의원실

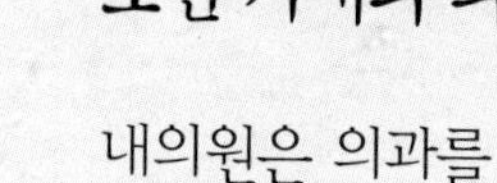

조선 시대의 의료 기관

내의원은 의과를 통해 뽑힌 의관들이 의학을 연구하고 왕과 왕실 가족을 위해 진료하는 곳이었어요. 그리고 한의원은 일반 백성들이 이용하는 민간 의료 기관이었어요. 내의원과 한의원실에서는 두 곳의 모형을 볼 수 있어요. 얼른 보아도 내의원과 한의원은 규모에서부터 비교되지요?

넓디넓은 궁궐 안에서 내의원은 어디에 있으며, 어떤 사람들이 어떻게 일하고 있었을까요? 또 한의원에서 받는 치료는 어땠을까요? 내의원과 한의원을 비교해 보고 조선 시대의 의료 기관에 대해 알아보아요. 그리고 무엇을 하는 곳인지도 알아보아요. 그럼, 지금부터 내의원과 한의원 속으로 들어가 보아요.

神麴

조선 시대의 의료 기관

조선 시대 국가 의료 기관은 내의원, 전의감, 혜민서, 활인서 등이 있었어요. 특히 내의원, 전의감, 혜민서는 '삼의사'라고 불리며, 국가 의료 기관의 중심이었어요. 이 중에서 내의원은 주로 왕실 사람들을 위해 진료하거나 약을 짓거나, 의학을 연구하는 기관이었어요. 전의감은 의관들을 뽑는 의과 시험을 관리, 의서 편찬, 약재 재배 등을 담당했어요. 그리고 혜민서는 가난한 백성의 병을 무료로 고쳐 주었는데, 병이 났을 때 도움을 청하면 집으로 찾아가 치료하기도 했어요. 활인서는 무료 병원과 같은 곳으로 가난하거나 오갈 데 없는 사람들을 치료해 주었고 특히 전염병이 돌 때 백성을 살피는 기관이었어요. 이 기관들은 모두 예조에 포함된 정식 의료 기관이었어요.

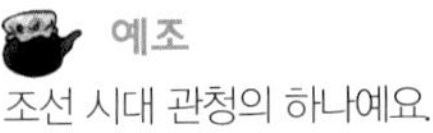
예조
조선 시대 관청의 하나예요.

국가에서는 이외 상황에 따라 임시 의료 기관을 만들었어요. 시약청, 의약청, 산실청이 바로 임시 의료 기관이었어요. 왕이나 왕비의 생명이 위중할 때 치료법을 찾기 위해 명종 때 만들었던 시약청과 숙종 때 의관과 중신들이 모여 왕의 병과 약의 처방이 잘 맞는지를 연구한 의약청이 있었지요. 또 왕자나 공주가 태어날 때 설치했던 산실

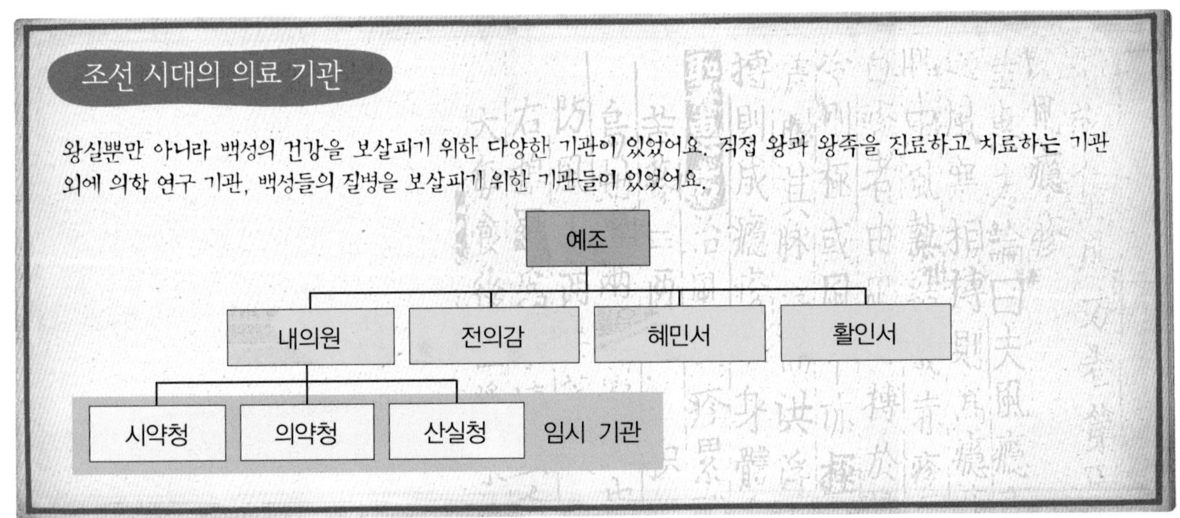

조선 시대의 의료 기관
왕실뿐만 아니라 백성의 건강을 보살피기 위한 다양한 기관이 있었어요. 직접 왕과 왕족을 진료하고 치료하는 기관 외에 의학 연구 기관, 백성들의 질병을 보살피기 위한 기관들이 있었어요.
예조
내의원
전의감
혜민서
활인서
시약청
의약청
산실청
임시 기관

청도 있어요. 무사히 아기가 태어나면 산실청에서 일하던 사람들은 말과 쌀을 상으로 받기도 했어요.

왕실을 위한 내의원

왕은 한 나라를 다스리는 중요한 사람이에요. 그래서 궁궐 안에 왕의 건강을 보살피는 '내의원'을 따로 두었어요. 내의원에서는 어떤 방법으로 왕의 건강을 보살폈을까요?

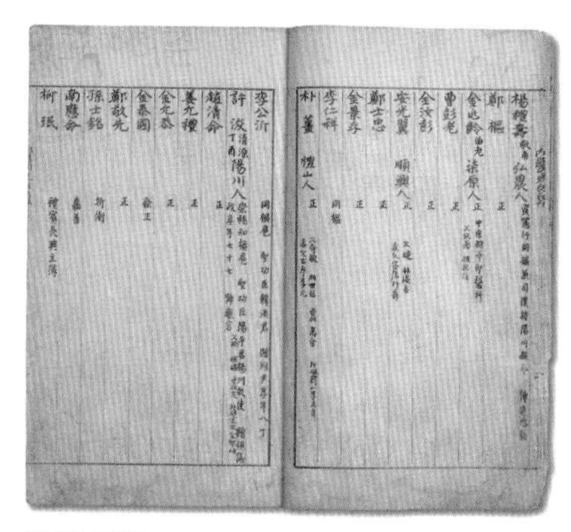

내의선생안
내의원에서 근무했던 의원들의 인적사항을 적은 책이에요.

내의원에서 일하는 관리와 의원을 모두 의관이라 하

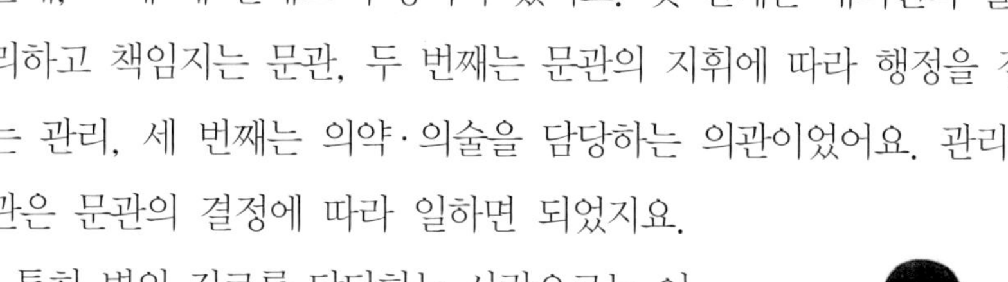

는데, 크게 세 단계로 구성되어 있어요. 첫 번째는 내의원의 일을 관리하고 책임지는 문관, 두 번째는 문관의 지휘에 따라 행정을 집행하는 관리, 세 번째는 의약·의술을 담당하는 의관이었어요. 관리와 의관은 문관의 결정에 따라 일하면 되었지요.

침의
침을 전문으로 놓는 의관이에요.

의약동참
외부에서 초빙해 온 의원으로 의술이 뛰어나면 신분을 따지지 않고 내의원으로 불렀어요.

특히 병의 진료를 담당하는 사람으로는 어의, 침의, 의약동참, 의녀 등이 있었어요.

내의원에서 일하는 의원과 관리는 모두 의관이라 불렀고, 품계와 의술에 따라 지위의 높고 낮음이 있었어요. 그럼, 내의원은 어떻게 생겼는지 알아볼까요?

내의원의 의관들은 고치기 어려운 병이 있을 때에는 모여서 서로 의논하여 방법을 찾기도 했어요.

내의원은 이렇게 생겼어요

내의원은 의관과 의녀들이 왕실 사람들의 건강을 보살피던 기관의 이름이에요. 또는 이 일을 맡은 사람들을 일컫는 말이기도 해요. 내의원은 궁궐 가장 안쪽에 자리 잡은 3채의 건물이에요. 이곳에서 의관들의 의학 연구, 진

약제조실
여러 종류의 약들을 섞어서 첩약을 조제하기도 하고 알약을 만들기도 하던 곳이에요.

숙직실
왕의 몸에 위급한 일이 생겼을 때 빨리 치료하기 위해 의관들이 당번을 서던 곳이에요.

의서보관실
의학 연구에 필요한 책들을 수집, 보관하는 곳으로, 내의원의 도서관이라고 할 수 있어요.

숙직실

회의실

약재보관실

약재가

료, 치료를 위한 여러 가지 일들이 행해졌어요.

박물관에 전시된 모형을 살펴보며 내의원이 어떤 곳인지 자세히 알아보아요. 아래 사진은 창덕궁과 창경궁을 그린 〈동궐도〉 배치대로 만들어졌던 모형이에요. 내의원에는 의서보관실, 약제조실 등 여러 곳이 있어요. 모형들을 자세히 살펴보면 누가 어떤 일을 하는지도 알 수 있어요. 그리고 내의원이 얼마나 체계적으로 구성된 곳인지도 알 수 있어요.

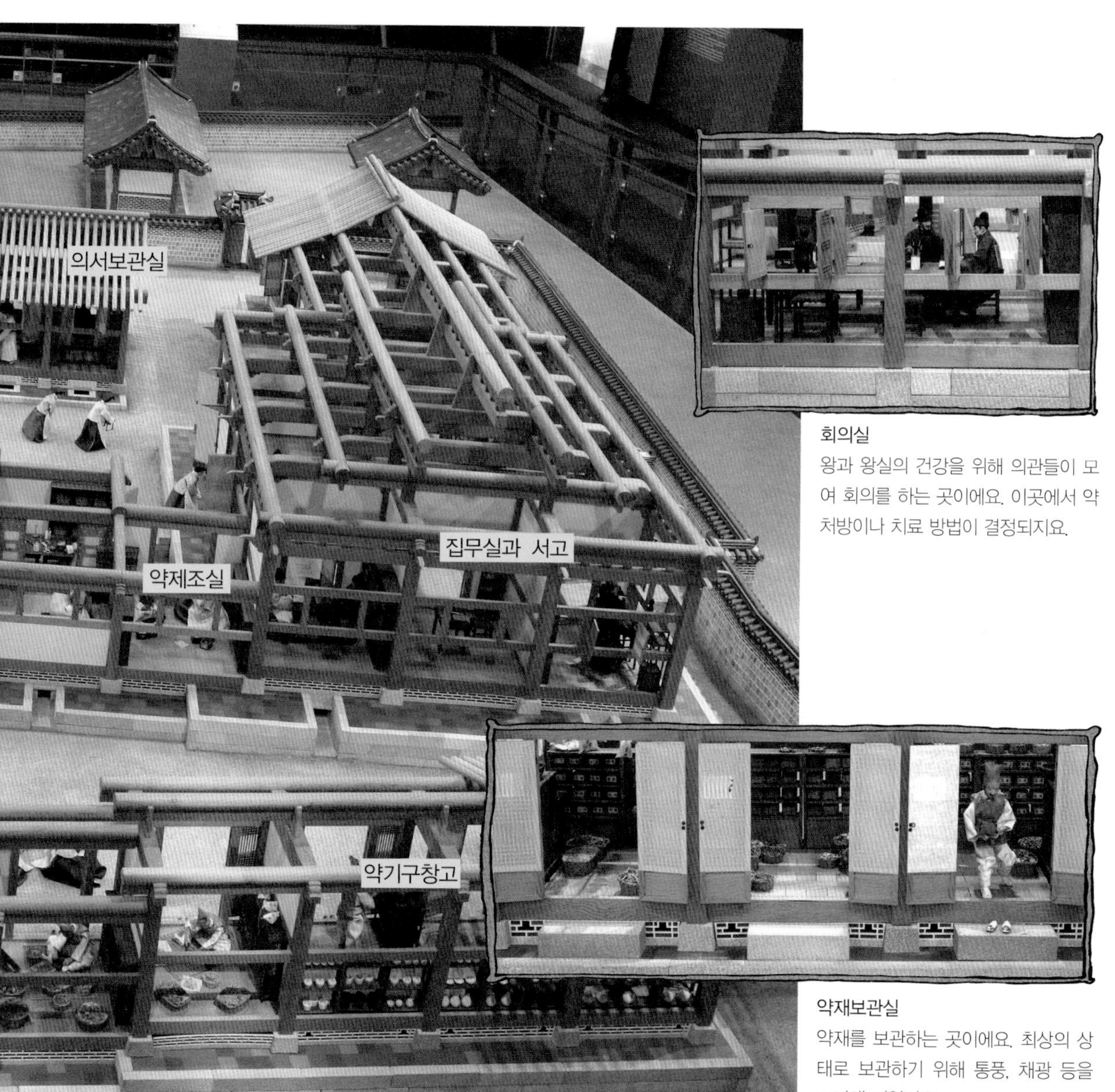

회의실
왕과 왕실의 건강을 위해 의관들이 모여 회의를 하는 곳이에요. 이곳에서 약 처방이나 치료 방법이 결정되지요.

약재보관실
약재를 보관하는 곳이에요. 최상의 상태로 보관하기 위해 통풍, 채광 등을 고려해 지었어요.

내의원의 의관과 의녀

내의원을 둘러보았으니 이제는 그곳에서 일했던 의관과 의녀에 대해 자세히 알아보아요. 의관과 의녀가 되기 위해서는 어떤 과정을 거쳤으며 맡은 일은 어떻게 달랐을까요?

조선 시대 의관은 진료, 처방, 침놓기 등 의료 행위를 하는 남자 관리를 말해요. 의관은 과거 시험 중 잡과에 속하는 의과에 합격해야 될 수 있었어요. 의과는 조선 태조 7년 1398년에 시작되었는데, 시험은 모두 11과목이었어요. 처음에는 양반들도 의과를 보았지만 점차 수가 줄어들고, 대부분 중인들이 의과에 참여했어요. 새로 들어온 의관은 전의감에서 교육을 받은 뒤에 내의원에서 일했어요.

의관
평상복은 소매가 넓고 깃이 둥근 단령이었어요. 머리에는 '사모'를 쓰고, 허리에는 띠를 두르고 '화'라는 신발을 신었어요.

의녀
평상시에는 남색 치마와 연두색 저고리를 입었고 옷고름에는 침통을 찼어요. 머리에는 흑단 가리마를 썼는데 궁궐에서 일하는 의녀들만 썼어요.

의녀 제도는 고려 시대에 없던 제도로 1406년 조선 태종 때 처음 생겼어요. 유교의 영향으로 남녀가 얼굴도 마주 볼 수 없던 시기에 여자들의 병을 조금이라도 더 잘 살피기 위해서였어요. 조선 시대의 대표적인 의녀는 대장금으로 20여 년 간 어의녀로 지내며 중종을 모시기도 했지요.

보통 10~15살의 여자들이 제생원에서 교육을 받은 뒤 의녀가 되었어요. 원래 제생원은 약재를 나르고 어려운 백성을 돕는 기관인데 진맥하는 방법과 침구법을 가르쳐 의녀를 양성했어요. 처음에는

침통
저고리 안쪽에 달아 의녀들이 휴대하던 침통이에요.

중인
조선 시대에 양반과 상인의 중간 신분의 사람을 말해요.

어의녀
내의녀 중에서 가장 뛰어난 의녀로 왕을 보살폈어요.

의원을 도울 수 있을 정도의 글과 의학 지식을 배우다가, 《부인문》《산서》 등의 부인 및 산부인과에 대한 전문적인 내용을 배웠어요. 이를 통해 의녀들은 치료하는 능력을 키우고, 특히 부인병과 임신, 출산에 대해 담당할 수 있게 되었어요. 그래서 의녀는 왕비가 아기를 낳을 때 돕기도 하고, 아기를 낳은 후 몸을 추스리는 것을 담당하기도 했어요.

남자와 여자가 얼굴을 마주 대할 수 없었던 옛날에는 의녀가 등장하면서 여자들이 진료받기 훨씬 편해졌어요.

이런 의녀는 3단계로 나누었는데, 제일 낮은 단계는 '초학의'라고 하여 교육을 받기 시작한 의녀를 말해요. 교육을 받는 동안 여러 번의 시험을 보는데, 실력이 뛰어난 의녀 두 사람을 뽑아 궁궐의 왕비, 후궁, 궁녀들을 진료하는 내의녀로 일하게 했어요. 반대로 이 시험에서 떨어지고 다른 재주도 없으면 고향으로 돌려보내기도 했어요. 두 번째 단계는 '간병의'인데, 각 의료 기관과 지방의 의원을 옆에서 돕는 역할을 해요. 가장 높은 단계는 '내의원과 혜민서에서 일하는 의녀'로 의술을 인정받아서 매달 녹봉을 받았어요.

의녀의 수는 적었지만 조선 시대에 사회 활동을 하던 여성이라는 것과, 여성의 병에 대한 치료와 처방을 담당한 전문인이라는 점이 매우 놀랍지요.

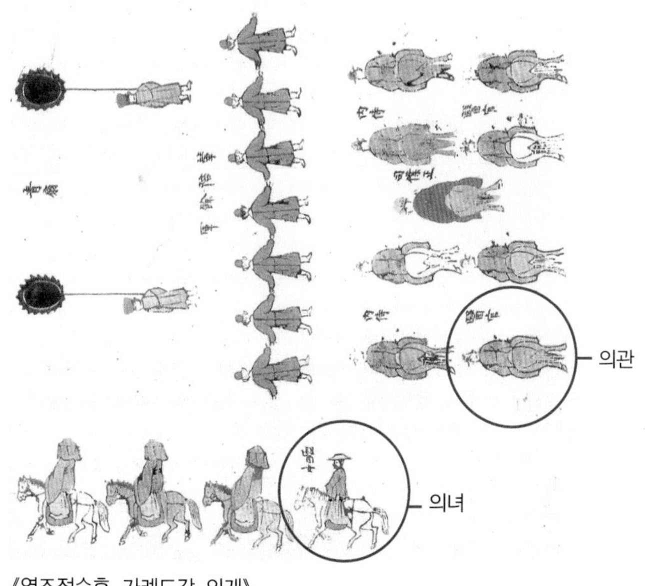

《영조정순후 가례도감 의궤》
행렬도에서 말을 타고 가는 의관과 의녀를 볼 수 있어요.

한의원은 이렇게 생겼어요

한의원은 일반 백성들의 건강을 돌보는 곳이에요. 궁궐에 내의원이 있다면, 백성들이 사는 마을에는 한의원이 있었어요. 박물관에는 사대문 안에 있었던 큰 한의원의 모형이 있어요. 이 당시 한의원은 민

준비실

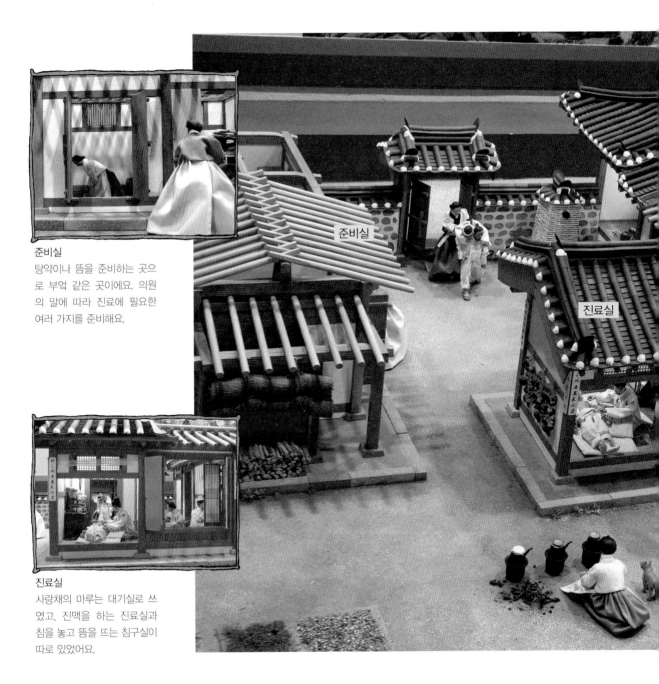

준비실
탕약이나 뜸을 준비하는 곳으로 부엌 같은 곳이에요. 의원의 말에 따라 진료에 필요한 여러 가지를 준비해요.

진료실

진료실
사랑채의 마루는 대기실로 쓰였고, 진맥을 하는 진료실과 침을 놓고 뜸을 뜨는 침구실이 따로 있었어요.

간의 집을 그대로 사용했어요. 박물관에 있는 모형은 남산골 한옥마을 김춘영의 가옥과 개성의 한의원을 참고해서 만든 것이에요. 크게 안채, 사랑채, 행랑채로 나뉘어 있는데 각각 진료하기 편하도록 용도에 맞추어 사용했어요. 그럼 이 모형을 잘 보고 조선 시대의 한의원은 어떤 구조이며 내의원과 어떻게 다른지 알아보아요.

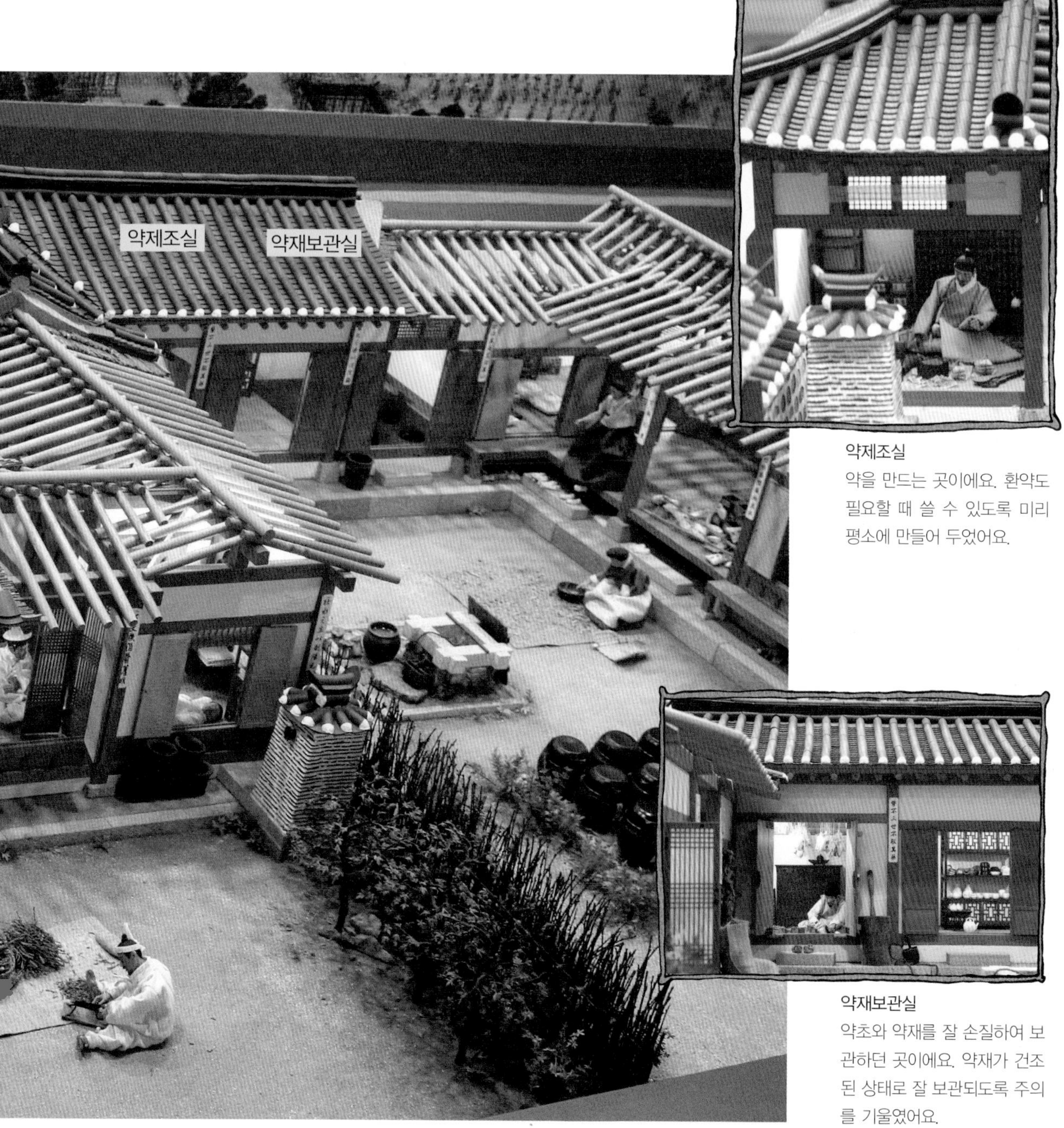

약제조실
약을 만드는 곳이에요. 환약도 필요할 때 쓸 수 있도록 미리 평소에 만들어 두었어요.

약재보관실
약초와 약재를 잘 손질하여 보관하던 곳이에요. 약재가 건조된 상태로 잘 보관되도록 주의를 기울였어요.

백성들의 의료 기관, 한의원

한의원은 의술을 공부한 의원이 사람을 치료하고, 약을 처방하는 오늘날의 병원이에요. 옛날에는 한의원의 수가 요즘처럼 많지 않았어요. 그래서 한의원을 이용하는 사람들은 주로 양반이나 부유한 사람들이 대부분이었어요. 살림이 넉넉하지 않은 일반 백성들은 몸이 아프면 의원을 찾아가는 일이 쉽지가 않았어요. 한의원의 의원은 주로 환자들을 돌보면서 침, 뜸을 이용하여 치료하거나 약 처방을 내리던 의사였어요. 한의원에는 병든 환자를 간호하는 사람, 탕약을 달이는 사람, 약재 창고의 약재들을 보관하고 정리하는 사람들이 있었어요. 무엇보다 한의원에 필요한 약초를 산이나 들에서 캐서 한의원에 팔던 '채약꾼'은 도심 한의원에서 중요한 사람이었어요. 이 중에서 산삼만을 전문적으로 캐는 사람들을 심마니라고 했어요.

하지만 작은 한의원의 경우는 규모가 작았기 때문에 의원 혼자서 모든 일을 했어요. 특히 지방에서는 마을마다 의원이 아주 귀했기 때문에 중인 신분이었어도 귀한 대접을 받았어요.

여기서 잠깐!

어떤 기관일까요?

다음 설명을 잘 읽어보고 어떤 의료 기관인지 보기에서 골라 써 보세요.

- 궁궐 내에서 왕과 왕실 사람들의 건강을 돌보는 기관이에요. (   )
- 의관의 교육을 담당한 기관이에요. (   )

보기 전의감, 내의원

☞ 정답은 56쪽에

계피 인삼 박하 당귀 황기

한의원에는 왜 장독대가 가득할까요?

한의원 모형의 앞마당을 살펴보세요. 장독대가 보일 거예요. 각각의 독마다 글씨가 쓰여 있어요. 왜 독에 글씨를 써 놓았을까요? 우리 조상들은 물에도 여러 가지 종류가 있다고 생각했어요. 그래서 약을 달이는 물도 환자의 상태와 병에 따라 다르게 썼어요. 치료에 쓰이는 물을 여러 가지로 구분해 각각 다른 독에 담아 놓았지요.

그중 '정화수'는 새벽에 처음 길은 우물물인데 얼굴빛을 좋게 했어요. 맑고 깨끗한 물이라 여겨 아낙네들이 기도할 때도 떠 놓았어요. '벽해수'는 바닷물을 말하는데 가려움을 낫게 했어요. 그리고 '증기수'는 시루 뚜껑에 맺힌 물로, 머리카락을 검게 하지요. 또 '방제수'는 조개껍데기를 밝은 달빛에 비춰 받은 물로, 눈을 맑게 하거나 마음을 안정시키는 데 사용했어요. 그 외에도 한천수, 국화수, 납설수 등 물의 종류는 모두 33가지가 있어요.

물은 다 똑같은 줄 알았는데, 물을 뜨는 시간과 물이 맺히는 장소에 따라 물의 기능을 다양하게 나눈 것이 놀랍지요?

우와! 물의 종류가
이렇게 많다니
정말 놀라워!

한의원의 장독대

약초원

전시실을 모두 둘러보았으면 이제 약초원으로 가 보아요. 《동의보감》에 실린 약초들을 심어 놓은 곳이에요. 자, 그럼 약초원에는 어떤 약초가 있는지 살펴볼까요?

약초원에는 인삼, 수호초, 옥잠화, 더덕, 당귀, 박하 등 약 50여 종의 약초가 있어요. 이 약초들은 모두 《동의보감》에서 소개하는 약용 식물들이에요. 약초원을 둘러보다 보면 그동안 주변에서 흔히 보았던 것들도 있을 거예요. 인삼은 우리가 많이 들어온 약초이고, 둥글레는 집에서 물에 달여 마시기도 했을 거예요.

약용 식물
약으로 쓰거나 약의 재료가 되는 식물을 말해요.

약초원에서 볼 수 있는 약초들

약초원에서는 《동의보감》에 실린 약초 중 50여 종의 약초들을 볼 수 있어요. 내가 아는 것은 무엇이 있는지 어떤 것들이 약초로 쓰이는지 살펴보아요. 식물은 꽃이 피거나 열매가 맺는 시기가 다 달라요. 꽃과 열매를 모두 보고 싶다면 두 번 이상 찾아가도록 해요.

황기
보약에 빠지지 않는 약재로, 몸을 건강하게 하고 혈기를 왕성하게 해 줘요. 몸이 피로하고 허약해지는 여름철 삼계탕에 넣어 먹으면 도움이 돼요.

감초
사탕수수의 40~50배나 더 단맛을 가지고 있어요. 다른 약물들의 중독을 풀어 주어서 거의 모든 약에 사용해요.

박하
치약, 사탕, 껌 등에 많이 사용하는 약재로, 몸의 떨림과 통증을 멈추게 해요. 박하기름은 위를 튼튼하게 하고, 장 안에 있는 세균을 없애 줘요.

특히 《동의보감》 처방 가운데 널리 알려진 쌍화탕과 십전대보탕을 약 처방 그대로 필요한 약초를 모아 심어 놓기도 했어요. 어떤 약초가 있으며 생김새는 어떠한지 잘 살펴보세요.

그런데 사람들이 감기에 걸렸을 때 쌍화탕을 많이 찾는 이유는 무엇일까요? 쌍화탕은 아홉 가지 약재를 달인 것인데, 여기 들어가는 약재들은 몸이 힘들고 지쳤을 때 기운을 북돋워 주는 것들이에요. 식은땀이 나고 온몸에 힘이 없을 때 좋아요. 쌍화탕 약재를 잘 기억해 두었다가 한번 만들어 보세요.

쌍화탕을 함께 만들어 볼까요?

준비물 : 백작약 9~10g, 숙지황 4g, 천궁 4g, 당귀 4g, 황기 4g, 계피 3g, 생강 3쪽, 대추 2개, 감초 3g, 약탕기, 베주머니, 물 1ℓ

① 약재를 깨끗이 씻어요.

② 약탕기에 약재와 물 1ℓ를 넣고 끓이다가 불을 줄여서, 다시 약한 불에 충분히 달인 뒤 불을 꺼요.

③ 조금 식으면 베주머니나 채를 이용하여 약재를 걸러내요.

이렇게 만든 쌍화탕은 많거나 적게도 말고, 하루에 2컵씩 복용하면 적당해요.

※반드시 부모님이나 어른들의 도움을 받으세요.

둥굴레
풀밭이나 숲에서 쉽게 자라고, 한 줄기의 잎겨드랑이에서 꽃이 한두 송이 달려요. 둥굴레의 뿌리줄기를 황정이라고 부르는데 차로 많이 마시고, 가래, 기침, 피로, 권태에 효과가 있다고 해요.

오갈피
깊은 산속 그늘진 곳에 자라요. 잎의 모양이 산삼을 닮았어요. 허약한 몸을 튼튼하게 해 주지요.

더덕
사삼, 백삼이라고 부르기도 하는 더덕은 뿌리가 도라지처럼 굵고 자르면 흰색의 즙이 나와요. 뿌리를 말려서 먹으면 열을 다스리고 가래를 없애 줘요.

허준박물관을 나서며

여러분 허준박물관은 재미있게 둘러보았나요? 허준이 직접 쓴 여러 가지 의서들과 여러 의약기, 약초 약재들도 눈여겨 보았지요? 허준박물관을 둘러보며 가장 눈에 띄는 유물이 무엇이었나요? 혹시 허준이 직접 쓴 우리나라 한의학의 최고 의서로 손꼽히는 《동의보감》이 아닌가요?

《동의보감》이 나오기 전까지 우리나라 의원들은 중국의 의서를 보고 공부했어요.

하지만 《동의보감》이 간행되면서 옛날의 의원들은 물론 지금의 한의학자들도 한의학 연구의 기본으로

삼고 있어요. 특히 일본이나 중국에서도 여러 차례 간행되는 등 우수성이 충분히 입증되었어요.

그럼 《동의보감》은 의학서로서 어떤 의미를 담고 있을까요? 단순히 질병과 치료법만 담겨 있는 것이 아니에요. 사람의 몸과 질병의 원리를 철학적으로 정리하여, 어떻게 치료해야 했는지 실제 치료의 경험담까지 담아 놓았어요.

그래서 《동의보감》을 보면 질병으로 고생하는 백성들의 고충을 진심으로 헤아리며 끊임없이 의술을 연구하고 노력했던 허준의 마음이 느껴진답니다.

허준박물관에서 각종 의약기, 내의원 모형, 한의원 모형을 자세히 둘러보면서 우리도 미래의 의학연구자를 꿈꾸어 보는 것은 어떨까요?

역사 속 허준의 흔적을 찾아보아요

허준박물관에서 허준의 생애와 업적에 대해 잘 알아보았나요? 그럼, 《동의보감》과 관련이 깊은 곳을 한번 찾아가 보아요. 바로 '허가바위'예요. 그리고 허준박물관 주변에는 여러 가지 볼거리도 있어요. 조선 선비의 기품을 느낄 수 있는 양천향교, 옛사람이 시와 풍류를 즐긴 소악루, 경기도 광주에서 떠내려 온 광주바위 등이지요. 이곳들을 둘러보면서 역사의 발자취를 느껴 보아요.

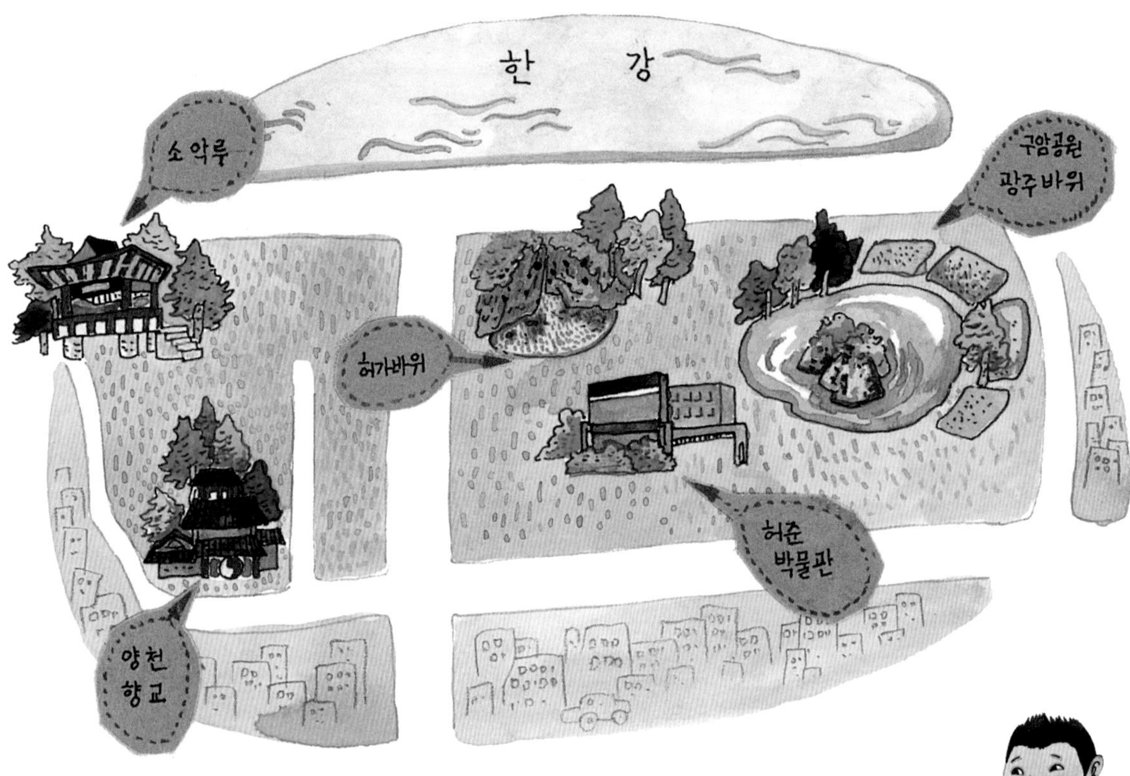

❶ 허가바위

허준기념실에서 보았던 '허가바위'의 실제 모습을 볼 수 있어요. 박물관 뒤편으로 50미터만 걸어가면 되요. 옛날에는 이곳에서 제사를 드렸다고 해서 '제차파의현'이란 이름으로도 불려요. 허가바위는 허준이 《동의보감》을 완성하고 생을 마친 곳으로도 알려져 있어요. 바위에는 커다란 굴이 있는데 가로 6미터, 세로 7미터, 길이 5미터 정도의 크기로, 어른 10명 이 들어갈 수 있어요. 이곳에서 《동의보감》을 집필한 허준의 모습을 떠올려 보세요.

❷ 양천향교

향교는 조선 시대에 나라에서 만든 학교예요. 양천향교는 양천현(지금의 강서구)에 세운 국립교육기관이며, 뒷날 양천현이 경기도에서 서울시로 포함되면서 서울에 있는 유일한 향교가 되었어요. 입구에서 보이는 '홍살문'은 성스럽고 경건한 마음으로 향교에 들어와야 한다는 의미예요. 공자와 맹자, 유교 경전 등을 읽고 공부를 하는 공간인 '명륜당'과 유생들이 공부하는 '동재'와 '서재'가 있어요. 그리고 제사를 지내는 공간인 '대성전'에는 공자, 맹자, 주희, 이황, 이이 등의 위패를 모시고 있어요. 매년 음력 2월과 8월의 상정일*에 제사를 지낸답니다.

* 상정일 : 나라 또는 개인의 집에서 제사를 지내는 날

❸ 소악루

예부터 가양동 궁산에서 내려다보는 한강변의 경치는 중국 동정호에 있는 '악양루'라는 정자에서 바라보는 경치와 버금간다고 하여 이곳을 소악루라고 해요. 조선 영조 때 동복 현감을 지낸 '이유'란 사람이 벼슬을 그만두고 이 정자를 지어 시와 그림을 그리고 풍류를 즐겼어요. 조선 시대 화가 겸재 정선이 양천현령으로 부임한 뒤 옛모습을 그린 역사적인 장소이기도 해요. 지금 있는 소악루는 정선을 기념하기 위해 다시 지었어요.

❹ 광주바위

지금은 육지로 변한 가양동 옆 한강가에 있던 12미터의 바위로, 옛날에는 강물 속에 있었어요. 큰 홍수가 났을 때 경기도 광주에서 떠내려 왔다고 해서 붙은 이름이에요. 홍수로 인해 바위를 잃어버린 광주현령은 바위를 백방으로 찾았고, 바위가 양천에 갔다는 것을 알자 양천현령에게 바위 대신 세금을 달라고 했어요. 처음에는 바위에서 자라는 싸리나무로 빗자루를 만들어 주다가, 억울한 마음에 바위를 도로 가져가라고 했어요. 바위를 가져갈 수 없었던 광주현령은 더 이상 세금을 내라는 말을 못하게 되었지요.

나는 허준박물관 박사!

허준박물관을 재미있게 둘러보았나요? 우리나라 한의학의 대표적인 인물인 허준의 생애를 알아보면서 조선 시대 의원이 어떤 사람인지 알 수 있었을 거예요. 책 내용을 차근차근 되새겨 보면서 다음 문제를 풀어 보세요.

❶ 조선 시대의 제도와 문화를 확인해 보세요.

다음은 허준의 생애에 관한 문제예요. 조선 시대의 제도와 문화를 생각해 보면서 설명이 맞으면 ○, 틀리면 ×로 대답해 보세요.

(1) 서자로 태어난 허준은 양반이었어요. ( )

(2) 의과를 보지 않아도 추천을 받으면 의관이 될 수 있어요. ( )

(3) 유학자들도 의학에 관심을 갖고 연구했어요. ( )

(4) 의과 시험을 본 양반은 원래 없었고, 모두 중인뿐이었어요. ( )

(5) 어의 중에 가장 우두머리는 어의녀예요. ( )

(6) 왕족의 병을 고치면 상을 받지만, 못 고쳐도 벌을 받은 것은 아니었어요. ( )

(7) 혜민서와 활인서에서는 돈을 받고 백성들의 병을 치료했어요. ( )

❷ 어떤 도구가 필요할까요?

다음 그림 속에서 의녀가 약을 달이고 있어요. 그러면 어떤 도구가 필요할지 오른쪽의 도구들을 보고 알맞은 도구를 찾아서 ○로 표시하세요.

❸ 순서를 알아맞혀 보세요.

허준이 쓴 《동의보감》을 책으로 찍어 내기 위해서 어떤 과정을 거쳤을까요? 다음 사진을 잘 보고 순서대로 써 보세요.

1. 글자본을 거꾸로 붙이고 활자를 파요.

2. 만들어진 책을 확인하고 보관해요.

3. 종이에 내용을 쓰고, 새길 나무를 준비해요.

4. 활자를 배열하고 시험 인쇄를 해 보아요.

5. 틀린 글자나 빠진 글자가 있는지 확인하고 인쇄해요.

☞ 정답은 56쪽에

나는 허준박물관 박사!

④ 유물과 설명을 연결하기

아래 사진들은 허준박물관에 전시된 유물들이에요. 이름과 사진을 설명에 맞게 연결해 보세요.

동의보감 ●　　●  ●　　● 병을 치료하기 위해 쓰는 침과, 침을 보관하기 위한 통이에요.

침과 침통 ●　　●  ●　　● 약재를 잘게 썰기 위한 도구예요.

약작두 ●　　●  ●　　● 약재를 갈거나 빻을 때 쓰던 도구예요.

갈돌과 갈판 ●　　●  ●　　● 약을 제조할 때 약의 정확한 양을 계량하기 위해 써요.

약저울 ●　　●  ●　　● 허준이 쓴 의서예요. 총 25권 25책이에요.

약절구 ●　　●  ●　　● 약재를 갈거나 빻을 때 쓰던 절구예요.

⑤ 알맞게 써 보세요.

다음 사진은 내의원에 있던 곳들이에요. 어떤 곳인지 **보기** 에서 찾아 알맞은 이름을 써 보세요.

보기 숙직실, 한의원 진료실, 내의원 약재 보관실, 의서 보관실, 약제조실, 한의원 약재 보관실

(　　　　　　　　)

(　　　　　　　　)

(　　　　　　　　)

(　　　　　　　　)

(　　　　　　　　)

(　　　　　　　　)

☞ 정답은 56쪽에

약재를 갈고 약첩을 싸 보아요

지금부터는 약갈기 체험실에서 의원과 의녀가 되어 보세요. 옛날 의원과 의녀들이 환자의 병을 고치기 위해 약을 지은 것처럼 여러 가지 약재를 갈아 보고, 그 약재를 약종이에 싸서 약첩을 만들어 보세요. 의원이나 의녀들은 어떤 도구를 써서 약재를 갈았을까요? 약갈기 도구인 약맷돌, 약절구, 약연, 유발을 잘 살펴보고 선생님의 말씀대로 약재를 갈아 보세요.

약재를 갈아보아요

약갈기 체험실

옛날 조상들의 지혜가 담긴 도구들을 살펴보세요. 이곳의 도구들은 모두 약재를 가는 데 쓰인답니다.

약연

긴 홈에 약재를 넣어 연차를 밀어서 약초를 가는 도구예요.

약맷돌

맷돌 구멍에 약초를 넣어서 손잡이를 잡고 맷돌을 돌려요.

약절구

절구 안에 약초를 넣고 공이로 약초를 찧는 것이에요.

유발

막자사발이라고도 하는데 단단한 약재를 곱게 가는 도구예요.

약첩을 싸 보아요.

약갈기 체험은 재미있었나요? 그럼 지금부터는 약첩을 싸 보아요. 요즘에는 기계에서 포장되어 나오지만 옛날에는 손으로 직접 약을 쌌어요. 순서대로 잘 따라해 보세요.

1. 약재를 조금 덜어서 종이 가운데에 올려 놓아요.

2. 양 모서리를 맞춰 모으고 가운데를 접어요.

3. 모서리를 안쪽으로 접어 넣어요.

4. 양끝을 뾰족하게 접어요.

5. 양끝을 바짝 당겨 가운데로 모아요.

6. 모은 곳에서 한쪽으로 눕혀요.

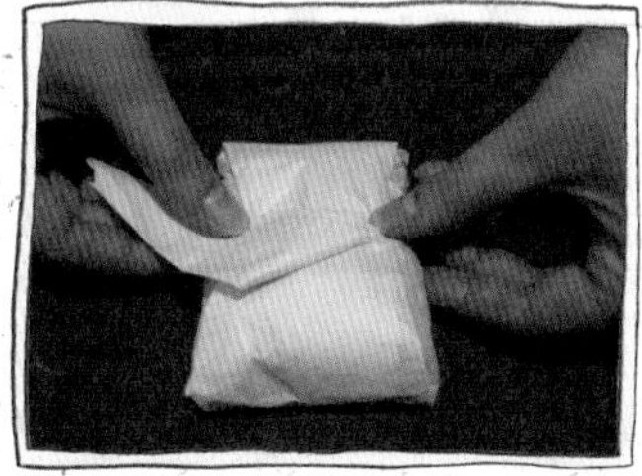
7. 길게 나온 자락을 오른쪽으로 비스듬히 접어요.

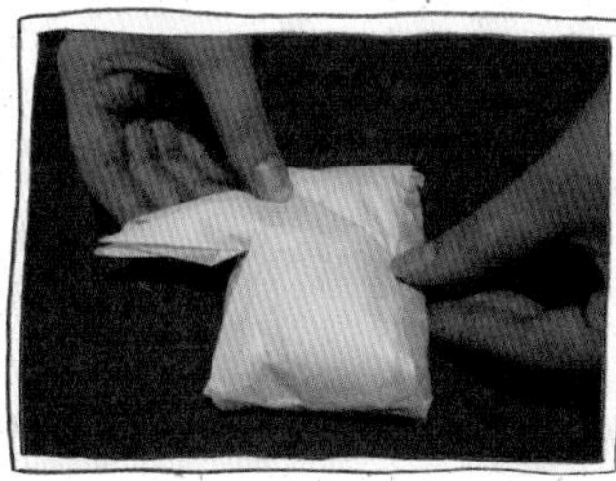
8. 오른쪽으로 한 번 더 접어요.

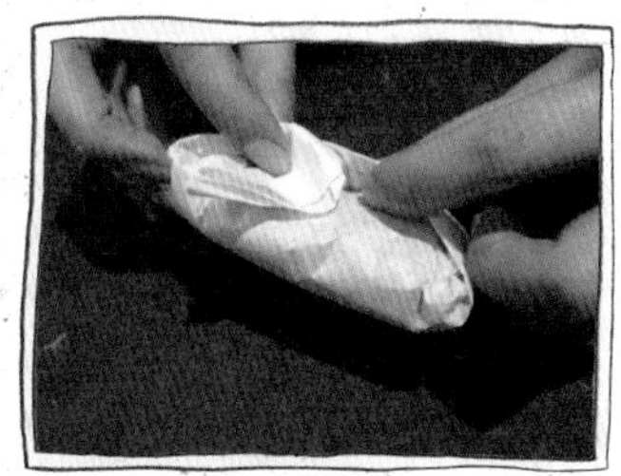
9. 길게 나온 자락을 안쪽으로 접어 넣어요.

정답

여기서 잠깐!

9쪽 미암일기, 조선왕조실록, 호성공신녹권, 간이당문집, 태평회맹도, 파릉산집

18쪽 침구편, 잡병편, 탕액편

25쪽 곡부 : 팥, 보리　　과부 : 대추, 모과

채부 : 생강, 도라지　　초부 : 칡, 약쑥

목부 : 산수유, 계피

42쪽 내의원, 전의감

나는 허준박물관 박사!

❶ 조선 시대의 제도와 문화를 확인해 보세요.

다음은 허준의 생애에 관한 문제예요. 조선 시대의 제도와 문화를 생각해 보면서 설명이 맞으면 ○, 틀리면 ×로 대답해 보세요.

(1) 서자로 태어난 허준은 양반이었어요. (×)
(2) 의과를 보지 않아도 추천을 받으면 의관이 될 수 있어요. (○)
(3) 유학자들도 의학에 관심을 갖고 연구했어요. (○)
(4) 의과 시험을 본 양반은 원래 없었고, 모두 중인뿐이었어요. (×)
(5) 어의 중에 가장 우두머리는 어의녀예요. (×)
(6) 왕족의 병을 고치면 상을 받지만, 못 고쳐도 벌을 받은 것은 아니었어요. (×)
(7) 혜민서와 활인서에서는 돈을 받고 백성들의 병을 치료했어요. (×)

❷ 어떤 도구가 필요할까요?

다음 그림 속에서 의녀가 약을 달이고 있어요. 그러면 어떤 도구가 필요할지 오른쪽의 도구들을 보고 알맞은 도구를 찾아서 ○로 표시하세요.

❸ 순서를 알아맞혀 보세요.

허준이 쓴 《동의보감》을 책으로 찍어 내기 위해서 어떤 과정을 거쳤을까요? 다음 사진을 잘 보고 순서대로 써 보세요.

1. 글자본을 거꾸로 붙이고 활자를 파요.

2. 만들어진 책을 확인하고 보관해요.

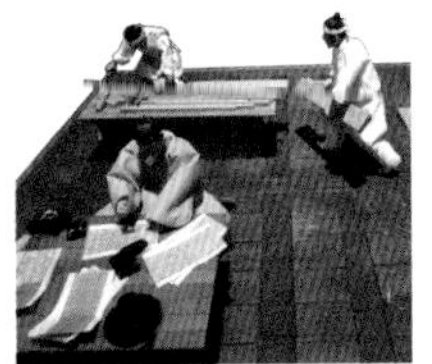

3. 종이에 내용을 쓰고, 새길 나무를 준비해요.

4. 활자를 배열하고 시험 인쇄를 해 보아요.

5. 틀린 글자나 빠진 글자가 있는지 확인하고 인쇄해요.

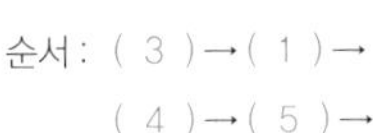

순서 : (3) → (1) → (4) → (5) → (2)

❹ 유물과 설명을 연결하기

아래 사진들은 허준박물관에 전시된 유물들이에요. 이름과 사진을 설명에 맞게 연결해 보세요.

동의보감
침과 침통
약작두
갈돌과 갈판
약저울
약절구
병을 치료하기 위해 쓰는 침과, 침을 보관하기 위한 통이에요.
약재를 잘게 썰기 위한 도구예요.
약재를 갈거나 빻을 때 쓰던 도구예요.
약을 제조할 때 약의 정확한 양을 계량하기 위해 써요.
허준이 쓴 의서예요. 총 25권 25책이에요.
약재를 갈거나 빻을 때 쓰던 절구예요.

❺ 알맞게 써 보세요.

다음 사진은 내의원에 있던 곳들이에요. 어떤 곳인지 보기 에서 찾아 알맞은 이름을 써 보세요.

보기　숙직실, 한의원 진료실, 내의원 약재 보관실, 의서 보관실, 약제조실, 한의원 약재 보관실

(약제조실)

(숙직실)

(한의원 약재 보관실)

(한의원 진료실)

(내의원 약재 보관실)

(의서보관실)

사진 및 그림

허준박물관 p3(허준박물관 전경), p6(허준기념실), p11(의학입문), p11(찬도방론맥결집성), p13(두창경험방), p13(언해두창집요), p15(석어당의 선조), p17(훈련도감 간행 동의보감), p19(오장도), p20(청나라 부춘당장판), p20(일본 원각 중국번각판), p21(향약집성방), p21(구급간이방), p21(마경초집언해), p22(약초 · 약재실), p24(감초), p28(돌로 된 갈돌과 갈판), p28(곱돌 약탕기), p28(청동 약따르개), p29(청동 초두), p29(청동 약따르개), p29(토기 약탕관), p30(경락도), p31(침과 침통), p31(약저울), p31(약절구), p31(약두구리), p31(약작두), p31(돌약연), p31(약장), p35(내의선생안), p38(침통)

윤형구 p15(석어당의 선조), p16(동의보감을 집필하는 허준), p17(동의보감 간행 과정 ①~⑥), p18(서갑), p24(감초), p25(계피), p25(도라지), p25(팥), p25(생강), p25(칡), p25(약쑥), p25(산수유), p25(보리), p25(대추), p25(모과), p32(내의원 모형 전경), p33(한의원으로 들어오는 환자), p33(한의원에서 약재 말리는 모습), p36(약제조실), p36(숙직실), p36(의서보관실), p36~37(내의원 전경), p37(회의실), p37(약재보관실), p40(준비실), p40(진료실), p40~41(한의원 전경), p41(약제조실), p41(약재창고), p42(한의원의 장독대), p48(허가바위) p49(소악루), p49(광주바위)

포토스탁 p27(인삼 재배지)

고려대학교 출판부 p44(황기), p44(감초), p44(박하), p45(오갈피), p45(둥굴레), p45(더덕)

강서구청 p49(양천향교)

그림 인용 p27(인삼도, 이기수, 농촌진흥청 인삼약초연구소 소장품), p39(영조정순후 가례도감 의궤, 규장각 소장품) p47(허준 영정, 국립현대미술관 소장품)

초등학교 교과서와 관련된 학년별 현장 체험학습 추천 장소

1학년 1학기 (21곳)	1학년 2학기 (18곳)	2학년 1학기 (21곳)	2학년 2학기 (25곳)	3학년 1학기 (31곳)	3학년 2학기 (37곳)
철도박물관	농촌 체험	소방서와 경찰서	소방서와 경찰서	경희대자연사박물관	IT월드(과천정보나라)
소방서와 경찰서	광릉	서울대공원 동물원	서울대공원 동물원	광릉수목원	강원도
시민안전체험관	홍릉 산림과학관	농촌 체험	강릉단오제	국립민속박물관	경희대자연사박물관
천마산	소방서와 경찰서	천마산	천마산	국립서울과학관	광릉수목원
서울대공원 동물원	월드컵공원	남산골 한옥마을	월드컵공원	국립중앙박물관	국립경주박물관
농촌 체험	시민안전체험관	한국민속촌	남산골 한옥마을	기상청	국립고궁박물관
코엑스 아쿠아리움	서울대공원 동물원	국립서울과학관	한국민속촌	서대문자연사박물관	국립국악박물관
선유도공원	우포늪	서울숲	농촌 체험	선유도공원	국립부여박물관
양재천	철새	갯벌	서울숲	시장 체험	국립서울과학관
한강	코엑스 아쿠아리움	양재천	양재천	신문박물관	남산
에버랜드	짚풀생활사박물관	동굴	선유도공원	경상북도	남산골 한옥마을
서울숲	국악박물관	고성 공룡박물관	불국사와 석굴암	양재천	롯데월드 민속박물관
갯벌	천문대	코엑스 아쿠아리움	국립중앙박물관	경기도	국립민속박물관
고성 공룡박물관	자연생태박물관	옹기민속박물관	국립민속박물관	이화여대자연사박물관	삼성어린이박물관
서대문자연사박물관	세종문화회관	기상청	전쟁기념관	전쟁기념관	서대문자연사박물관
옹기민속박물관	예술의 전당	시장 체험	판소리	천마산	선유도공원
어린이 교통공원	어린이대공원	에버랜드	DMZ	한강	소방서와 경찰서
어린이 도서관	서울놀이마당	경복궁	시장 체험	화폐금융박물관	시민안전체험관
서울대공원		강릉단오제	광릉	호림박물관	경상북도
남산자연공원		몽촌역사관	홍릉 산림과학관	홍릉 산림과학관	월드컵공원
삼성어린이박물관		국립현대미술관	국립현충원	우포늪	육군사관학교
			국립4·19묘지	소나무 극장	해군사관학교
			지구촌민속박물관	예지원	공군사관학교
			우정박물관	자운서원	철도박물관
			한국통신박물관	서울타워	이화여대자연사박물관
				국립중앙과학관	제주도
				엑스포과학공원	천마산
				올림픽공원	천문대
				전라남도	태백석탄박물관
				경상남도	판소리박물관
				허준박물관	한국민속촌
					임진각
					오두산 통일전망대
					한국천문연구원
					종이미술박물관
					짚풀생활사박물관
					토탈야외미술관

4학년 1학기 (34곳)	4학년 2학기 (56곳)	5학년 1학기 (35곳)	5학년 2학기 (51곳)	6학년 1학기 (36곳)	6학년 2학기 (39곳)
강화도	IT월드(과천정보나라)	갯벌	IT월드(과천정보나라)	경기도박물관	IT월드(과천정보나라)
갯벌	강화도	광릉수목원	강원도	경복궁	KBS 방송국
경희대자연사박물관	경기도박물관	국립민속박물관	경기도박물관	덕수궁과 정동	경기도박물관
광릉수목원	경복궁 / 경상북도	국립중앙박물관	경복궁	경상북도	경복궁
국립서울과학관	경주역사유적지구	기상청	덕수궁과 정동	고성 공룡박물관	경희대자연사박물관
기상청	경희대자연사박물관	남산골 한옥마을	경상북도	국립민속박물관	광릉수목원
농촌 체험	고창, 화순, 강화 고인돌유적	농업박물관	경희대자연사박물관	국립서울과학관	국립민속박물관
서대문자연사박물관	전라북도	농촌 체험	고인쇄박물관	국립중앙박물관	국립중앙박물관
서대문형무소역사관	고성 공룡박물관	서울국립과학관	충청도	농업박물관	국회의사당
서울역사박물관	충청도	서울대공원 동물원	광릉수목원	롯데월드 민속박물관	기상청
소방서와 경찰서	국립경주박물관	서울숲	국립공주박물관	몽촌토성과 풍납토성	남산
수원화성	국립민속박물관	서울시청	국립경주박물관	민주화현장	남산골 한옥마을
시장 체험	국립부여박물관	서울역사박물관	국립고궁박물관	백범기념관	대법원
경상북도	국립서울과학관	시민안전체험관	국립민속박물관	서대문자연사박물관	대학로
양재천	국립중앙박물관	경상북도	국립서울과학관	서대문형무소 역사관	민주화 현장
옹기민속박물관	국립국악박물관 / 남산	양재천	국립중앙박물관	서울역사박물관	백범기념관
월드컵공원	남산골 한옥마을	강원도	남산골 한옥마을	조선의 왕릉	아인스월드
철도박물관	농업박물관 / 대법원	월드컵공원	농업박물관	성균관	서대문자연사박물관
이화여대자연사박물관	대학로	유명산	롯데월드 민속박물관	시민안전체험관	국립서울과학관
천마산	롯데월드 민속박물관	제주도	충청도	경상북도	서울숲
천문대	몽촌토성과 풍납토성	짚풀생활사박물관	서대문자연사박물관	암사동 선사주거지	신문박물관
철새	불국사와 석굴암	천마산	성균관	운현궁과 인사동	양재천
홍릉 산림과학관	서대문자연사박물관	한강	세종대왕기념관	전쟁기념관	월드컵공원
화폐금융박물관	서울대공원 동물원	한국민속촌	수원화성	천문대	육군사관학교
선유도공원	서울숲	호림박물관	시민안전체험관	철새	이화여대자연사박물관
독립공원	서울역사박물관	홍릉 산림과학관	시장 체험 / 신문박물관	청계천	중남미박물관
탑골공원	조선의 왕릉	하회마을	경기도	짚풀생활사박물관	짚풀생활사박물관
신문박물관	세종대왕기념관	대법원	강원도	태백석탄박물관	창덕궁
서울시의회	수원화성	김치박물관	경상북도	해인사 고려대장경과 장경판전	천문대
선거관리위원회	승정원 일기 / 양재천	난지하수처리사업소	옹기민속박물관	호림박물관	우포늪
소양댐	옹기민속박물관	농촌, 어촌, 산촌 마을	운현궁과 인사동	유니세프 한국위원회	판소리박물관
서남하수처리사업소	월드컵공원	들꽃수목원	육군사관학교	무령왕릉	한강
중랑구재활용센터	육군사관학교	정보나라	이화여대자연사박물관	현충사	홍릉 산림과학관
중랑하수처리사업소	철도박물관	드림랜드	전라북도	덕포진교육박물관	화폐금융박물관
	이화여대자연사박물관	국립극장	전쟁박물관	서울대학교 의학박물관	훈민정음
	조선왕조실록 / 종묘		창경궁 / 천마산	상수허브랜드	상수도연구소
	종묘제례		천문대		한국자원공사
	창경궁 / 창덕궁		태백석탄박물관		동대문소방서
	천문대 / 청계천		한강		중앙119구조대
	태백석탄박물관		한국민속촌		
	판소리 / 한강		해인사 고려대장경과 장경판전		
	한국민속촌		화폐금융박물관		
	해인사 고려대장경과 장경판전		중남미문화원		
	호림박물관		첨성대		
	화폐금융박물관		절두산순교성지		
	훈민정음		천도교 중앙대교당		
	온양민속박물관		한국에너지기술연구원		
	아인스월드		한국자수박물관		
			초전섬유퀼트박물관